KB241836

산만한 아이 공부 처방전

〈일러두기〉

1. 이 책에서는 ADHD(주의력결핍 과잉행동장애)에 대해 '주의산만'이나 '산만한 아이'로 표기하고, 그런 아이와 부모에게 도움이 되는 내용을 담았습니다.

2. 이 책의 대상 연령층은 만 5~10세입니다. 유치원이나 초등학교에서 자주 혼나고 지적을 받아 부정적인 경험이 쌓인 아이의 수업 태도, 학습 습관, 또래 관계 등을 개선하기 위한 방법을 제시합니다.

3. 주의산만한 아이의 특성은 다양합니다. 전문가와의 상담을 통해 아이의 상태를 정확하게 파악하신 후 약점을 보완할 수 있는 방법을 찾아 도와주시는 것이 좋습니다.

산만한 아이 공부 처방전

ADHD 문제행동을 바로잡는 맞춤 솔루션

이영애 · 손정아 지음

'아이에게 무엇이 결여됐는지'를
보는 것이 아니라
'아이에게 무엇이 있는지'를
찾아내는 것이 부모의 역할이다.

-대럴드 트레퍼트

오늘도 산만한 아이와 전쟁 중인 부모에게

초등학교 1학년 수철이는 산만한 행동 때문에 학교와 집에서 계속 혼이 나는 아이였습니다. 잠시도 가만히 있지 않다 보니 다칠 때도 많아서 상담을 하러 올 때마다 다친 곳이 늘어났습니다. 한 주는 팔이 까졌고, 그 다음주에는 다리가 다쳐서 왔고, 입 주변이 퍼렇게 멍이 들어서 오기도 했습니다. 아이 스스로도 "선생님, 저는 너무 많이 다치는 게 걱정이에요"라고 말할 정도였습니다.

수철이는 재기발랄하고 영리한 아이였습니다. 그러나 유치원에 다닐 때부터 줄곧 "넌 왜 말을 안 듣니?", "왜 조심을 안 해?", "몇 번이나 말을 했는데 왜 대답이 없어?"라는 지적을 받았고, 급기야는 "너, 바보 아니야?"라는 비난까지 듣게 되었습니다. 이런 일들이 반복되다 보니 수철이의 재기발랄함은 점점 사라졌습니다. 대신 '나는 말을 안 듣는 나쁜 아이', '나는 아무것도 못하는 아이'라는 부정적인 자아상이 커지고 있었습니다.

초등학교 5학년 영민이는 인기 많은 친구가 되고 싶은 열망으로 가득한 아이였습니다. 이런 바람과는 달리 영민이는 친구들을 계속 화나게 만들기만 했습니다. 자기가 하고 싶은 것을 참지 못해 친구들에게 원망을 듣게 된 것이었습니다. 허락도 받지 않고 짝꿍의 연필을 써버린다거나, 수업 시간에 갑자기 우스운 이야기를 해서 분위기를 흐려놓는다거나, 전후 상황을 고려하지 못하고 버럭 화를 내는 등 돌발 행동을 하는 영민이는 학년이 올라갈수록 점점 피하고 싶은 친구가 되어가고 있었습니다.

미경이 엄마는 육아에 전념하기 위해 회사를 퇴직했습니다. 그러나 미경이는 엄마가 예상했던 여자아이의 특성과는 너무나 달랐습니다. 잠시도 가만히 있지 않았고, 소파에 거꾸로 매달려 있다가 목에 깁스까지 하게 되었습니다. 아무리 혼을 내도 돌아서면 똑같은 행동을 반복하고 있는 아이를 보고는 절로 화가 솟구쳐서 고함을 치고 등을 때리는 날들이 반복되었습니다. 특히 심하게 아이를 혼낸 날이면 마음이 한없이 무거워져 울다가 잠든 아이를 보며 '내가 조금만 더 참을걸' 하는 죄책감에 시달렸습니다.

아이는 '안 하는 것'이 아니라 '못 하는 것'

오랜 시간 상담 센터에서 상담하면서 위에 소개한 것 같은 이야기를 수없이 듣게 되었습니다. 이 아이들과 부모들은 '난 사고뭉치가 될 거야', '난 나쁜 부모가 될 거야'라고 생각해서 이런 행동을 하는 것일까요? 저는 그런 아이와 부모는 단 한 명도 만나지 못했습니다. 저마다 나름대로 최선을 다하고, 가장 좋은 선택을 하기 위해 애를 쓰고 있었습니다. 그러나 주의산만한 증상을 가지고 있는 아이는 충동적이고 자기 통제를 못하는 특성 때문에 최선을 다하려는 선한 동기마저 의심받고 좌절하기 쉽습니다.

이런 충동성과 산만함은 전두엽이라는 뇌 영역과 관련이 있습니다. 즉, 산만하고 집중을 못하는 것은 생물학적 원인에 의한 것입니다. 그러다 보니 "오늘은 정말 엄마 말 잘 듣고, 수업 시간에 떠들지 말아야지"라고 결심해도 그 행동이 금방 바뀌지 않는 것은 당연한 일입니다. 즉, 아이 입장에서는 '안 하는 것'이 아니라 '못하는 것'입니다.

사실 가장 속상하고 힘든 것은 아이 자신입니다. 그런데 이런 아이의 마음도 모르고 "일부러 그런다", "더 혼이 나봐야 정신을 차린다"며 꾸짖는 것은 아이에게 이중고를 안기는 격이 됩니다.

부모 입장은 어떨까요? 부모 또한 자신이 뭔가 지도하고 훈육하거나 정서적 교감을 나누었을 때 아이 행동에 변화가 있거나 성장이 느껴지면 부모 역할에 자신감이 생깁니다. 그런데 아무리 노력하고 어떤 방법을 사용해도 효과가 없다면 점점 부모 역할에 자신감이 떨어지고 심지어는 우울감을 경험하기도 합니다.

산만한 아이든, 얌전한 아이든, 아이들은 모두 자신만의 특별하고 반짝이는 재능과 독특함을 가지고 태어납니다. 아이가 어릴수록 이것을 스스로 키워 나가기 어렵기 때문에 주변에서 도와주어야 합니다. 아이에게 가장 영향력 있는 주변 사람은 바로 부모입니다. 조금 더 성장하면 교육 기관의 교사, 또래 친구들 역시 영향력 있는 주변 사람이 됩니다. 산만한 자신 때문에 이미 아이 또한 스트레스를 받고 있는데 주변에서 지속적으로 부정적인 평가를 하면, 아이만의 독특함과 반짝이는 재능이 꽃대를 올리기도 전에 말라버리게 됩니다.

부모 역시 계속되는 좌절로 부모 역할에 무력감을 느끼게 되면 점점 아이에게 섭섭함이 쌓여 아이와 좋은 관계를 유지할 수 없습니다.

산만한 아이의 학습 지도를 위한 안내서

이 책은 바로 이런 아이와 부모를 위해 쓰였습니다.

우선 내 아이가 어떤 행동을 할 때 산만한지 점검해보고, 아이의 산만함을 어떻게 이해해야 하는지 살펴봅시다. 아이를 제대로 이해해야 제대로 도울 수 있기 때문입니다. 또 아이의 특성에 따라 어떻게 대처하면 좋을지 구체적인 해법을 소개하려 합니다. 산만한 아이와 고군분투하느라 지친 부모를 위해 당장 활용할 수 있는 훈육 기법과 놀이 방법을 제시하였으니 꼭 활용하기 바랍니다. 또 잠시도 가만히 앉아있지 못하는 아이를 효과적으로 학습시키는 방법도 체계적으로 소개하였습니다. 아이의 특성을 잘 파악하고 이에 맞는 방법으로 아이의 학습 태도를 교정한다면, 학습이 전투가 아니라 아이와 함께하는 즐거운 시간이 될 것입니다.

　이 책을 통해 아이 내면에 있는 '성장에 대한 선한 동기'를 발견하고, 저마다 독특한 빛을 내고 있는 아이의 재능을 잘 키워줄 수 있기를 바랍니다.

이영애

차례

PART I
산만한 아이의 진짜 마음 읽기 ———→›››

PART III

산만한 아이의 문제행동 바로잡기 ────>>>

산만한
아이의
진짜 마음
읽기

아이는 똑같은 실수와 실패를 반복한다.
그래서 처음에는 친절하게 알려주다가 점점
화를 내거나 지치게 된다.
문제는 아이의 행동이 좀처럼
달라지지 않는다는 데 있다.

잘하고 싶은데 안 되네

부모와 아이를 힘들게 하는 주의산만

어릴 때부터 잠시도 가만히 있지 않았어요. 남자아이라서 그러려니 했지요. 그런데 유치원에 들어가자 선생님께서 아이가 산만한 것 같다는 거예요. 게다가 아이 친구 엄마들에게 전화가 오기 시작했어요. 'ㅇㅇ가 우리 아이를 때렸다', 'ㅇㅇ 때문에 우리 아이가 다쳤다' 등의 전화를 계속 받다 보니 이제는 휴대전화가 울리기만 해도 심장이 뚝 떨어지는 느낌이에요. '친구 때리지 마라', '장난감 빼앗지 마라', '수업 시간에 가만히 앉아 있고 선생님 말 잘 들어라'라고 이야기하지만 그때뿐이에요.

초등학교 1학년 초에는 수업 시간에 돌아다니기도 하고 계속 옆에 앉은 친구에게 말을 걸어서 선생님에게 혼이 났어요. 재미있는 일이 있으면 놀다가 다른 친구들은 눈치껏 빠지는데, 우리 아이는 혼자서 계속하다 보니 선생님에게 걸려서 또 혼나고요. 그러다 보니 아이는 자꾸 억울해하고……. 어떻게 해야 할까요?

아이와 이야기하다 보면 정말 정신이 하나도 없어요. 제 말은 듣지도 않고 혼자서만 이야기하고 자꾸 이야기 주제가 바뀌니까 듣고 있기가 힘들 때가 많아요. 대체 왜 이러는 걸까요?

집중하면 5분이면 끝날 숙제를 한 시간씩 끌고 있어요. 방에서 뭐하고 있나 들어가 보면 의자 돌리면서 빈둥거리고 있네요. 화가 나서 소리치면 그제야 허겁지겁 숙제를 시작해요. 이런 일이 한두 번도 아니고요. 숙제 다 했다고 해서 보면 정말 가관이에요. 글씨는 날아가고, 빠뜨리고, 간단한 계산도 다 틀리고 ……. 정말 인내심에 한계를 느껴요.

하루 종일 움직이고 말하고 늘 어딘가 다쳐 있고, 놀고 나면 방안이 장난감으로 가득 차서 발 디딜 틈이 없고, 툭하면 형제나 친구들과 싸우고, 남들은 이미 다 했는데 혼자만 못 끝내서 지적받고 ……. 혹시 이런 행동을 보이는 아이가 있습니까? 이런 아이의 공통점은 아무리 말로 타일러도 그때뿐이고, 뒤돌아서면 그 행동이 반복된다는 것입니다. 이러다 보니 아이도, 부모도 해결되지 않는 어려움에서 빠져나오지 못하고 괴로워합니다.

앞에서 소개한 사례들은 그동안 상담하러 온 많은 부모가 호소한 문제의 극히 일부분입니다. 혹시 이 사례들을 읽으면서 '어머, 이거 딱 내 아이 이야기인데!' 하는 부모도 있을 것입니다.

우리는 일반적으로 이와 같은 행동을 하는 아이를 주의산만하다고 말합니다. 이런 산만한 행동들은 밖으로 표출된다는 특징이 있습니다. 그러다 보니 아이와 함께 있을 때 아이에게 '안 된다', '다친다', '가만히 있어라' 등과 같은 지적을 하게 됩니다. 그러나 아이를 지속적으로 관찰한 사람들이라면 아무리 지적해도 아이의 행동이 바뀌지 않는다는 것 또한 알게 됩니다. 바로 여기에 어른들이 봉착하는 첫 번째 어려움이 있습니다.

아이는 똑같은 실수와 실패를 반복합니다. 그래서 처음에는 친절하게 알려주다가 점점 화를 내거나 지치게 되지요. 문제는 아이의 행동이 좀처럼 달라지지 않는다는 데 있습니다. 그러다 보니 하루 종일 아이와 생활해야 하는 부모, 선생님은 아이의 산만한 행동에 인내심을 갖고 대하기가 쉽지 않습니다. 아이의 행동을 지적하다가 지친 부모는 점점 아이에게 실망을 하고, 어느 순간부터 소리를 지르고 있는 자신을 발견하고는 괴로워합니다.

좀더 규범적이고 교육이 중심이 되는 학교에서는 어떨까요? 대부분 산만한 행동을 하는 아이는 학교 생활이 쉽지 않습니다. 1대 1이 아닌 1대 다수의 환경에서 교육해야 하는 선생님은 아이의 문제 행동을 지적할 수밖에 없습니다. 문제 행동을 허용해주면 수업 분위기가 엉망이 되기 때문입니다. 갑자기 소리를 지르거나 친구들에게 장난을 치고, 엉뚱한 소리를 해서 수업 분위기를 확 깨버리면 혼을 낼 수밖에 없습니다. 아이 입장에서는 계속 지적받고 혼이 나는 상황이지요.

상담 센터에 방문하는 아이와 부모가 가장 힘들다고 호소하는 문제가 바로 주의산만입니다. 그렇다면 주의산만이라는 것이 도대체 무엇이기에 이렇게 부모와 아이를 힘들게 하는 것인지 그 정체를 한번 알아보겠습니다.

02

아이들이 산만하게 행동하는 이유

일반적으로 산만한 행동을 조절하지 못해서 일상생활이 방해될 정도일 때 ADHD, 즉 주의력결핍 과잉행동장애(Attention Deficit Hyperactivity Disorder)라는 진단을 내리게 됩니다. 이 증상을 가지고 있는 아동은 대개 어릴 때부터 '부산하다', '활동량이 많다', '지나치게 활발하다', '충동적이다'라는 평가를 받고, 유치원에 다니기 시작하면 '아이 때문에 수업 진행이 잘 안 된다'라는 이야기를 선생님으로부터 듣게 됩니다.

그래도 유치원까지는 "많이 활발해요. 조금 크면 나아질 거예요"라고 나름 희망적인 이야기를 듣지만, 초등학교에 입학하면 상황이 달라집니다. 담임선생님에게 지적을 많이 받고, 또래 관계로 힘들어하고, 말도 안 되는 실수를 해서 시험을 망치는 등 문제를 일으킵니다.

주의산만(ADHD)은 학령기 아동에게 가장 빈번하게 나타나는 증상 중 하나입니다. 그러다 보니 상담 센터에 내방하는 아이들의 문제 중 주의산만이 가장 많은 비중을 차지합니다. 그렇다면 주의산만한 행동은 왜 나타나는 것일까요?

그동안의 연구들에 따르면 이 증상은 주의, 각성, 활동의 조절 및 통제와 관련된 뇌의 전두엽에 문제가 있는 것으로 알려져 있습니다. 즉, 이 증상을 가지고 있는 아이는 자기 의지와는 달리 행동 조절이 잘 되지 않는 것입니다. 또한 이 증상은 유전적인 요인도 있다고 보고되고 있습니다. 그래서 상담소에 온 어머니들 중 많은 분이 "선생님, 사실은 제가 어릴 때 이 아이랑 하는 행동이 비슷했어요", "남편

넌 도대체 누굴 닮아서 그러니?

은 누굴 닮아서 그러냐고 하는데, 시어머니 말씀으로는 아이 아빠 어릴 때랑 똑같다고, 그냥 놔두라고 하시네요"라는 이야기를 하셨습니다. 이처럼 집안에 산만한 사람이 있는 경우, 아이들도 산만한 성격을 보일 가능성이 높아집니다.

또 주의산만한 아이는 주의, 각성, 활동의 조절, 통제와 관련된 뇌 영역 기능에 문제가 있다고 알려져 있습니다. 즉, 이 증상을 가지고 있는 아이는 자기 의지와는 달리 행동 조절이 잘되지 않는 것입니다. 그외에도 이혼, 사별 등과 같이 가정에 큰 변화가 있었거나, 부모의 훈육이 잘되지 않았거나, 아이의 지능이 일시적으로 저하되어 있거나, 불안하거나 우울해도 주의산만한 증상은 동반될 수 있습니다.

또한 주의산만한 행동은 여자아이보다 남자아이에게서 더 많이 나타납니다. 남자아이는 여자아이보다 에너지가 넘쳐서 키우기 쉽지 않은데 거기에 주의산만한 문제까지 있다면 엄마 혼자 감당하기 쉽지 않겠지요.

이런 증상을 가진 아이는 생각보다 많습니다. 2006년 서울대학병원과 서울시 소아청소년광역정신보건센터 주관으로 진행된 연구에 따르면 초등학생은 13퍼센트, 중고등학생은 7퍼센트 정도가 이 증상을 가지고 있는 것으로 보고되었습니다.

03

산만한 아이들의 공통된 행동

그렇다면 어떤 행동을 보일 때 아이가 산만하다고 의심해보아야 할까요? 일반적으로 주의산만한 아이가 보이는 행동에는 공통점이 있습니다.

주의산만한 아이는 어릴 때부터 끊임없이 움직이거나 지나치게 말을 많이 합니다. 수면 시간도 짧고 쉽게 잠들지 못합니다. 작은 일에도 쉽사리 흥분하고 충동적이다 보니 걸핏하면 울고, 요구하는 것이 있으면 금방 들어주어야 합니다. 또 쉽게 화를 내거나 감정이 격해져서 행동을 예측하기 어려울 때가 많습니다.

대화를 할 때는 상대방의 질문이 채 끝나기도 전에 대답을 해버립니다. 놀이를 할 때면 자신의 순서를 기다리지 못해 친구들의 원성을 삽니다. 한 장난감을 가지고 오래 놀지 못하고 다른 장난감을 늘어놓습니다. 식사 시간이나 TV를 보는 중에도 가만히 앉아 있지 못해서 계속 지적을 받습니다.

이 아이들이 숙제를 할 때는 어떨까요? 주의산만한 아이의 부모가 가장 힘들다고 공통적으로 이야기하는 부분이 바로 숙제 시간입니다. 집중하면 10분 만에 끝낼 수 있는 분량인데도 자꾸 딴 짓을 해서 몇 시간이 걸리고, 엄마가 옆에 있으면 금방 끝내지만 혼자 하게 내버려두면 겨우 한 줄 적어놓고 도망가버리니 아이에게 잔소리를 하지 않을 수 없다고 푸념합니다.

주의산만한 아이를 가르치는 유치원이나 학교 선생님들은 다음과 같이 하소연합니다.

"정말 머리는 멀쩡한 거 같은데 ……. 어떨 때는 똑똑하다는 생각도 들 정도고요. 그런데 어째서 말을 해도 고쳐지지가 않을까요? 불러도 대답도 안 하고, '네' 해놓고는 곧바로 하지 말라는 행동을 또 해요. 아무래도 아이가 저를 약올리는 것 같아요."

이들이 도대체 어떤 행동을 보이기에 그럴까요? 바로 아래와 같은 행동을 보이기 때문입니다.

- 유치원이나 학교에서 자신의 자리에 잘 앉아 있지 못하고 움직인다.

- 수업 시간에 돌아다니거나 화장실에 다녀온다.
- 수업 도중 사소한 자극에도 쉽게 주의가 산만해진다.
- 숙제를 잘 적어오지 않아서 숙제가 무엇인지 모른다.
- 학교에 제출해야 하는 숙제를 가방 안에 넣어두고는 그냥 집으로 가지고 온다.
- 책가방을 열어보면 그동안 학교에서 나눠준 프린트물이 구겨진 채로 쌓여 있다.
- 물건을 자주 잃어버린다. 심지어 윗옷도 어디에 벗어놓았는지 몰라서 찾지 못한다.
- 수업 시간에 계속 친구들에게 말을 시키고 장난을 치거나 갑자기 웃긴 이야기를 해서 수업 분위기를 흐린다.
- 자신의 과제는 다 끝내지도 않고 다른 아이들의 과제에 참견한다.
- 과제에 금방 싫증을 내고 계속 다른 것으로 관심이 전환된다.
- 과제 수행 속도가 많이 느려서 항상 마무리를 못한다.
- 지능에 비해 실력 발휘가 잘 되지 않는다.

그렇다면 공부할 때는 어떨까요? 산만한 아이는 집중하는 시간이 짧아 수업 내용에 주의를 기울이지 않거나 실수를 많이 하게 됩니다. 그래서 주의산만할수록 아이는 새로운 정보를 받아들이는 데 시간이 많이 걸리고, 심지어는 알고 있는 것도 제대로 활용하지 못하는 경우가 많습니다. 이러다 보니 자신의 능력을 충분히 발휘하지 못하고, 머리가 좋아도 학교 공부는 점점 부진해집니다.

때로 어떤 어머니는 "아니에요, 선생님. 우리 아이는 자기가 좋아하는 것은 몇 시간도 끄떡없이 앉아서 해내요. 그런 애가 어떻게 ADHD예요. 유치원에서 한번 상담해 보라고 해서 오긴 왔지만 ……" 이라고 억울해하기도 합니다. 이때 "좋아하는 활동에서 다른 활동으로 쉽게 넘어갈 수 있나요?", "싫어하는 것을 할 때 얼마나 집중할 수 있나요?"라고 물으면 대부분은 "다른 일로 잘 못 넘어가요", "자기가 싫어하는 것은 쳐다보지도 않고, 조금만 억지로 시켜도 금방 다른 걸 하려고 해요"라고 대답합니다. 산만한 아이도 자신이 좋아하는 것에는 몇 시간이고 집중이 가능합니다. 이럴 때는 다른 활동으로 전환이 얼마나 잘되는지 한번 점검해보기 바랍니다. 산만한 아이일수록 전환이 쉽지 않을 때가 많습니다.

이 아이가 시험을 본다고 생각해보세요. 문제를 끝까지 읽지 않거나 대강 읽고, 문제를 읽다가 답이 생각나면 끝까지 보지 않고 답을 써버리는 일이 많습니다. 특히나 문제가 길거나 복잡하면 차분히 생각하지 않고 빨리 끝내버리려 합니다. 그래서 아는 문제도 틀리는 경우가 많습니다. 속상한 엄마가 틀린 시험지를 아이에게 주고 다시 천천히 풀어보라고 시키면 다 맞히기도 합니다. 그런데 이보다 더 아이들이 속상해하는 것은 문제를 잘 풀어놓고 답지에 옮겨 적는 순간 잘못 적어서 틀리는 경우입니다.

친구 사귀는 것은 어떨까요? 산만한 아이는 인과관계를 고려하면서 문제를 해결하지 않고 자기가 하고 싶은 대로 해버리는 경우가 많습니다. 친구를 배려한다든지 자신의 행동이 어떤 결과를 가져올지에 대해 전혀 신경 쓰지 않습니다. 더군다나 감정 기복이 심한 경우가 많아 친구들 사이에서 인기가 없습니다. 결국 '친구들은 나를 싫어해'라는 생각에 빠져 점점 사회적인 관계를 맺는 것에 자신이 없어집니다.

PART II

산만한 아이
제대로
도와주기

부모는 아이에게
자신의 감정을 잘 알아차리고
이것을 적절히 해결할 수 있도록
지도해야 한다.
이때 가장 효과적인 방법이
부모가 공감하는 태도를
보여주는 것이다.

정말 몰라서 물어본 건데

산만한 아이는 자라면서 여러 가지 어려움을 경험합니다. 우선, 자기 행동을 스스로 통제하지 못해 힘들어합니다. 일상생활에서 실패하는 일들이 많아지다 보니 자신의 기량을 마음껏 발휘하지 못하여 상처를 받습니다.

특히 학교 생활에서의 학습, 또래 관계의 실패는 아이에게 큰 좌절을 주게 됩니다. 게다가 주변 사람들로부터 끊임없이 듣게 되는 부정적인 평가가 곁들여지면 아이의 스트레스는 커져갑니다. 이런 스트레스는 아이를 불안정하게 만들어 더욱 문제 행동을 저지르는 악순환으로 이어집니다. 이제 악순환의 고리를 끊고 산만한 아이를 효과적으로 돕는 방법을 생각해야 합니다.

이런 아이의 고충을 잘 이해하고 도우려면 무엇보다 산만한 아이가 느끼고 있는 심정을 이해해야 합니다.

01

산만한 아이에게 가장 필요한 것

애들이 나보고 관종이래요. 난 그냥 크게 웃은 건데 관심 끌려고 일부러 그런다고 뭐라고 해요. 내 편을 들어주는 친구는 하나도 없어요.

엄마아빠와 여행을 다녀왔는데 하나도 재미없었어요. 아이스크림 먹다가 흘린다고 혼나고, 사고친다고 혼나고, 계속 혼만 났어요.

선생님이 수업 방해한다고 혼내요. 그래서 나만 맨 뒤에 혼자 앉게 했어요. 그런데 그게 더 편해요.

나도 모르게 뒤에 있는 친구랑 떠들게 되는데, 그것 때문에 만날 선생님한테 혼나요. 그런데도 자꾸 얘기하고 싶어요.

짝이 나랑 앉기 싫다고 짝 바꿔 달라고 그랬어요. 내가 자꾸 자기 방해하고, 자기 물건 막 갖다 쓴다고 선생님에게 일렀어요.

나는 '학교에 가서 떠들면 안돼'라는 생각에 너무 긴장해서 집에 오면 녹초가 돼버려요. 정말 학교 가기 싫어요.

이 세상에 사랑받고 관심받고 싶어하지 않는 아이는 없습니다. 주의산만한 아이 역시 마찬가지입니다. 하지만 자신의 행동 때문에 부모님, 선생님, 친구들에게 좋은 평가를 받지 못하게 되면 산만한 아이는 점점 의기소침해지고 자신감을 잃게 됩니다. 게다가 충동적인 특성 때문에 실수가 잦고, 자신이 가진 능력만큼 발휘를 못해서 평가절하되는 일들이 반복되면 자존감 또한 낮아질 수밖에 없습니다. 아이를 지켜보는 부모도 속이 터지지만 가장 힘들어하는 것은 바로 아이 자신입니다.

그렇다면 아이 마음속을 한번 들여다볼까요? 다음 '아이의 속상한 마음 들여다보기'를 통해 아이가 진짜 원하는 것이 무엇인지 한번 생각해보기 바랍니다.

⭐ 아이의 속상한 마음 들여다보기

다음 25개의 아이 마음 중 아이가 진실을 말하고 있다고 생각하면 진실에, 거짓을 말하고 있다고 생각하면 거짓에 ∨표 하세요.

	아이의 마음	진실	거짓
1	나는 엄마아빠에게 사랑받고 칭찬받고 싶어요.		
2	주변 사람들이 나의 좋은 점을 좀 봐줬으면 좋겠어요.		
3	사람들이 나보고 일부러 그런다고 할 때 속상해요.		
4	나는 정말 못 들었는데 엄마는 내가 일부러 못 들은 척한다고 화를 내요. 나는 억울해요.		
5	TV를 볼 때 내용이 이해가 안 돼서 자꾸 엄마에게 물어보게 돼요. 엄마는 그런 것도 이해가 안 되냐고 화를 내요. 난 진짜 왜 그런지 잘 모르겠단 말이에요.		
6	조금만 주의하면 물건을 안 잃어버릴 텐데 정신 안 차린다고 만날 혼나요. 난 정신 차리고 있단 말이에요.		
7	난 항상 시간이 모자란데 엄마는 내가 게으름을 피운다고 화를 내요.		
8	밤에 누우면 금방 잠이 안 와서 한 시간씩 그냥 누워 있을 때가 있어요. 그런데 엄마는 왜 빨리 안 자냐고 화를 내요. 난 진짜로 잠이 안 온다고요.		
9	나는 아침에 일어나서 제시간에 학교에 가는 게 진짜 힘들어요.		
10	나는 정말 학교에서 잘하고 싶어요.		
11	수업 시간에 진짜 집중하려고 노력하는데 자꾸 딴 생각이 나요.		
12	쉬는 시간에 바깥에서 놀다 보니 수업이 시작된 걸 몰랐어요. 일부러 그런 건 아니에요.		

	아이의 마음	진실	거짓
13	글씨 쓰는 게 너무 귀찮고 싫어요. 마음만 먹으면 잘 쓰는데, 왜 이렇게 엉망진창으로 쓰냐고 엄마가 화를 내요. 그렇게 잘 쓰려면 얼마나 힘든지 아세요?		
14	내가 좋아하고 재미있는 것만 했으면 좋겠어요. 공부도 내가 좋아하는 과목은 딴 생각 안 하고 몇 시간이라도 할 수 있거든요.		
15	난 심심해서 노래를 부른 건데 선생님은 수업을 방해했다고 혼을 내요.		
16	머릿속에서 재미있는 생각이 무진장 많이 떠올라요. 그래서 얘기하면 애들은 거짓말한다고 뭐라고 해요.		
17	친구들은 내가 자기를 방해한다고 선생님에게 자꾸 일러요. 난 그냥 궁금해서 물어본 것뿐이란 말이에요.		
18	왜 친구들이 나랑 같이 안 놀려고 하는지 모르겠어요.		
19	난 참견하려는 게 아니고요, 그냥 다른 친구들이 어떻게 하는지 궁금해요. 그래서 자꾸 친구들 것을 쳐다보고, 더 좋은 방법을 알려주고 싶어서 말을 거는 거예요. 그런데 친구들도 싫어하고 선생님은 네 것이나 빨리 끝내라고 혼을 내세요.		
20	나는 친구들에게 인기 있는 아이가 되고 싶어요.		
21	나는 정리정돈을 정말 못하겠어요.		
22	장난감을 만지면 금방 고장이 나요. 엄마는 좀 살살 하라고 혼을 내는데 나도 모르게 그렇게 되는 걸 어떻게 해요.		
23	글씨도 잘 쓰고 싶고 뭐든 잘하고 싶은데 잘 안 돼서 너무 속상해요.		
24	집에서도 가만히 못 있겠어요. 계속 움직이게 되고 그러다 보면 자꾸 동생이랑 싸우게 돼요.		
25	금방 화가 났다가 또 금방 화가 풀려요. 나도 내가 이렇게 금방 화를 안 내면 좋겠어요.		

몇 개를 '거짓'에 체크하셨나요? 만일 하나라도 '거짓'에 ∨표 하셨다면, 아이의 마음을 몰라주고 오해하는 것입니다. 25개의 아이 마음은 아이에게는 다 진실입니다. 마음은 이렇지만 현실은 항상 혼나고, 따돌림당하고, 일부러 그런다고 이해받지 못하는 일이 반복되니 아이는 정말 괴로운 것이지요. 이런 일들이 되풀이되면 아이의 마음은 더욱 황폐해집니다. 그러니 산만한 아이를 둔 부모는 속상한 아이의 마음을 잘 이해하고 헤아려주는 것이 무엇보다 중요합니다.

02

산만함 바로잡기 전에 알아야 할 것

1 산만한 행동의 3가지 유형

주의산만한 아이가 다 똑같은 행동을 하는 것은 아닙니다. 그래서 내 아이의 특징을 잘 파악해야만 아이를 잘 이해하고 효과적으로 훈육할 수 있습니다.

산만한 아이는 충동성을 포함한 과잉행동을 더 많이 보이는 유형, 부주의함을 더 많이 보이는 유형, 이 두 가지가 혼합되어 있는 유형, 이렇게 세 가지 유형으로 나누어 볼 수 있습니다. 각 유형에 속하는 아이의 행동과 특징을 살펴보겠습니다.

◆ 과잉행동형 아이

민영이(네 살)는 잠시도 가만히 있지 못해 엄마에게 혼이 많이 나는 여자아이입니다. 하루는 목에 깁스를 하고 상담 센터에 왔기에 어떻게 된 거냐고 물었더니 집에서 소파에 거꾸로 매달려 놀다가 목을 삐끗했다고 합니다.

남자아이는 이런 식의 사고가 더 많이 발생합니다. 위험한 장난을 하기도 하고, 놀다가 TV나 장식품을 깨뜨리기도 합니다. 아빠와 놀다가 힘을 주체하지 못해서 아빠를 때리고 물어서 함께 놀이를 한 지 5분도 되지 않아 아빠는 혼내고 아이는 울고 삐치는 등 사고가 끊이지 않습니다.

이 유형의 아이를 키우는 어머니는 아이가 기기 시작할 때부터 옆방에서 무릎으로 기어오는 소리가 들릴 정도였고 지금도 그 소리가 귀에 쟁쟁하다고 합니다. 아이가 걷기 시작하면서부터는 '아이 엉덩이에 모터가 달린 게 아닐까?' 싶어 엉덩이를 살펴보았다는 분도 있었습니다. 밖에만 나가면 차가 오는지 보지도 않고 전력질주를 해서 사고가 날 뻔한 순간도 있었고, 남의 집에 가서 마치 자기 집처럼 냉장고를 열어 아무것이나 꺼내 먹는 등 돌출 행동을 하니 창피해서 외출을 피하게 되었다는 하소연도 많았습니다.

이런 유형의 아이는 일반적으로 다음과 같은 행동을 많이 합니다.

- 가만히 앉아 있지 못하고 계속 움직인다.

- 반복해서 뛰거나 과격하게 움직인다.

- 엄마가 말하는데 계속 불필요한 말을 하면서 방해한다.

- 위험한 놀이를 즐기고 시끄럽게 군다.

또 다친 거야?

🔶 부주의형 아이

초등학교에 입학한 철수는 담임선생님의 권유로 상담 센터에 내방했습니다. 아이가 수업 시간에 멍하니 딴 생각을 할 때가 많고, 정리정돈이 잘되지 않아 4교시가 되면 그때까지 쓴 교과서가 책상 위에 다 쌓여 있다는 것입니다. 책상 주변이 지저분한 것은 말할 것도 없습니다. 그런데 신기하게도 수업 시간에 선생님이 말한 것을 물어보면 다 알고는 있다고 합니다.

이 유형에 속하는 아이는 움직임이 많지 않아 당장 아이 때문에 놀라거나 행동을 통제하기 위해 소리지를 일은 별로 없습니다. 이 아이의 머릿속은 여러 가지 생각으로 꽉 차 있습니다. 머릿속에서 항상 스파크가 튀고 있다고 이해해도 좋을 듯합니다. 엄마와 눈을 마주치며 이야기를 하다가도 1분도 안 돼서 다른 곳을 쳐다보고, 건성으로 듣거나 딴 생각을 합니다. 바로 눈앞에 있는 물건도 찾지 못하는 경우도 있습니다. 그래서 아이와 이야기하다가 화가 난 어머니가 "엄마 눈 봐봐. 엄마가 좀전에 뭐라고 그랬어?"라고 물으면 또박또박 들은 것을 다 말합니다. 그러니 안심이 되면서도 불성실한 태도에 더 화가 나서 엄마의 마음은 복잡해집니다.

이 유형에 속하는 아이가 주로 보이는 행동은 다음과 같습니다.

- 무엇을 하든 주의를 지속적으로 유지하지 못한다.
- 다른 사람이 말할 때 경청하지 못한다.
- 할 일을 마무리하지 못한다.
- 지속적인 노력을 요구하는 숙제나 수업에 집중하지 못한다.
- 다른 자극을 받으면 관심이 쉽게 전환된다.

◆ 혼합형 아이

이 유형의 아이는 앞의 두 유형이 혼합되어 나타납니다. 그러다 보니 놀이, 학습 모두 엉망일 때가 많아 이 유형의 아이를 지도하는 것이 가장 어렵습니다.

일반적으로 유아기, 아동기에는 이런 증상이 혼합되어 있는 세 번째 유형이 가장 많이 나타나지만, 나이가 들수록 충동성과 과잉행동이 줄어듭니다. 그러나 부주의함은 계속 지속되므로 학습에 문제가 있을 경우가 많습니다.

혹시 내 아이가 산만하다면 어느 유형이 더 많이 나타나는지 잘 살펴보아야 합니다. 아이의 취약한 부분에 따라 아이를 다루는 방법이 달라지기 때문입니다.

2 행동 지적보다 먼저 해야 할 것

주의산만한 아이의 부모도 하루가 고되지만 아이 역시 하루하루가 힘듭니다. 이런 아이에게 계속 뭔가를 지적하고 가르치려고만 하면 아이의 마음은 열리지 않습니다. 마음이 열리지 않으면 당연히 행동의 변화는 기대하기 어렵겠지요. 그래서 산만한 아이를 키울 때 가장 첫 단계가 바로 마음을 다독여주는 것입니다. 우리는 이것을 '마음 읽기'라고 합니다. 이것을 조금 더 전문적인 용어로 말하자면 '공감'입니다. 여기서 공감에 대해 한번 생각해봅시다.

● 공감의 강력한 효과

아무리 똑똑한 사람이라도 감정에 압도되면 이성적인 판단을 하기 어려워집니다. 이것을 '감정의 홍수 이론'이라고 부릅니다. 아이는 감정이 홍수 상태가 되면 그 안에서 허우적거리다가 더 엉뚱한 행동을 하기도 합니다. 어떤 어머니는 다음과 같은 이야기를 합니다.

"제가 혼을 내면 아이가 저를 보면서 히죽히죽 웃어요. 그러면 화가 나서 더 크게 혼내게 되거든요. 그런데 애가 더 심한 장난을 치는 거예요. 결국 폭발했죠. 도대체 얘가 왜 이러죠? 문제가 심각한 거 아닌가요?"

"혼을 냈더니 보란 듯이 더 산만하게 굴어요. 완전히 엇나가려고 그러는 걸까요?"

이런 행동들은 불안에 압도되었을 때 나타나는 모습입니다. 엄마에게 혼이 나는 상황에서 불안이라는 감정의 홍수 상태에 빠지게 되면 웃거나 더 산만하게 행동하는 등 부적절한 행동을 보입니다. 그래야만 감정적으로 불안한 상황에서 빠져 나올 수 있기 때문입니다. 이런 행동은 아이가 자신의 감정을 적절하게 표현하고 해결하는 방법을 모르기 때문에 발생합니다.

그러므로 부모는 아이에게 자신의 감정을 잘 알아차리고 이것을 적절히 해결할 수 있도록 지도해야 합니다. 이때 가장 효과적인 방법이 부모가 공감하는 태도를 보여주는 것입니다.

"너 지금 웃는 거 보니까 엄마가 혼내는 게 무서운 거구나?"

이렇게 엄마가 먼저 아이의 감정을 알아차리고 이것을 말로 잘 풀어내주면 감정의 홍수가 사라지고 아이는 평정을 찾게 됩니다. 이런 상태가 되어야 훈육을 해도 제대로 효과를 낼 수 있습니다. "선생님, 무슨 마법 같아요. 마음 읽기를 해줬더니 아이가 많이 달라지네요!"라고 신기해하는 분들도 있었습니다.

아이를 달라지게 하는 마법의 말

● 공감식 말투의 부작용

마음 읽기를 하기 위해서는 제대로 된 공감을 해야 합니다. 보통 '공감'이라고 하면 상냥한 미소를 띠면서 차분한 목소리로 고개를 끄덕이며 "~했구나"라고 말하는 장면을 떠올릴 것입니다. 한동안 TV에서 아동 양육과 훈육을 다루는 상담 프로그램을 본 어머니들이 전문가가 추천한 공감 대화를 하기 위해 몇 가지 문장을 적어서 냉장고에 붙여놓곤 했습니다. 상담을 받으러 오는 어머니들도 "그래서 화가 났구나", "정말 속상하겠다" 같은 대화체를 적어놓고 오며 가며 보면서 이런 화법에 익숙해지려고 노력했다고 합니다. 이렇게 말투만 흉내낸다고 해서 마음 읽기가 잘 될까요?

언젠가 상담을 하던 중에 아이에게 "~했구나"라고 공감하는 말을 했는데, 갑자기 그 아이가 저를 보면서 "선생님, 그렇게 말하지 마세요"라고 다소 화난 얼굴로 따지듯이 말한 적이 있습니다. 저는 아이 마음에 공감하기 위해 '마음 읽기'를 한 것이었는데, 아이는 그것을 적극적으로 거부한 것이지요. 그래서 이유를 물었는데 그 순간 저는 뒤통수를 맞은 듯한 느낌이었습니다. 아이는 "우리 엄마도 그렇게 말한단 말이에요"라고 대답했습니다. 즉, 진정으로 마음을 공감해주지 않고 단지 말로만 공감해주는 척할 때 아이의 마음에는 아무런 울림이 없다는 것입니다. 오히려 누군가 마음을 이해해주는 반응을 보일 때 '이것도 말뿐인 거 아니야?'라고 의심하게 될 수도 있다는 것이지요.

◆ 부모 마음 내려놓기

그렇다면 어떻게 해야 진정한 공감을 할 수 있게 될까요? 우리 뇌에는 '거울 뉴런'이라는 것이 있어서 다른 사람의 행동을 보는 것만으로도 마치 내가 하고 있는 것처럼 뇌가 움직입니다. 이것 때문에 모방이 가능해지고, 공감도 할 수 있는 것입니다. 즉, "아프냐, 나도 아프다"가 가능해지는 것이지요. 그러나 우리의 뇌가 권력에 취해 있을 때에는 "아프냐, 하지만 나는 모르겠다"가 됩니다. 그래서 "나는 정말 아이를 잘 키울 거야", "부모의 역할은 아이를 잘 지도하는 거야"라는 사명감에 불탈수록 아이의 마음 읽기는 어려워집니다. 부모의 마음을 내려놓아야만 비로소 내 아이의 마음이 보이는 것입니다.

또한 '아이의 산만한 행동 때문에 주변 사람들이 나를 어떻게 볼까'라는 생각을 강하게 가지고 있는 부모일수록 공감보다는 지시, 질책이 더 많아집니다. 아이를 변화시켜야 하고 제대로 가르쳐야 한다는 사명감이 공감을 할 만한 마음의 여유를 앗아가기 때문입니다.

부모가 너무 화가 나 있을 때에도 공감은 저 멀리 사라집니다. 이미 부모가 '화'라는 감정의 홍수에 빠져 있기 때문이지요. 그때는 아이의 마음을 살펴볼 여유가 없어집니다.

◆ 상황 파악 5분 법칙

아이가 산만한 행동을 하는 데는 반드시 이유가 있습니다. 아이가 엇나가기 위해서, 엄마를 약올리려고 이런 행동을 하는 것이 아니라면 아이도 자꾸 이런 상황에 빠지는 스스로에 대해 속상한 마음이 들 것입니다.

아이 마음을 이해하기 위해서는 먼저 아이 행동의 전후맥락과 특성을 파악할 시간이 필요합니다. 아이가 어릴수록 파악하는 데 드는 시간은 길지 않습니다. 보통 5분이면 충분합니다. 잠시 심호흡을 하고, '내 아이가 이렇게 행동하는 데는 반드시 이유가 있다'라는 마음으로 5분만 상황을 살펴보기 바랍니다. 이 5분이 '분노'라는 감정의 홍수에 빠지지 않도록 도와줄 것입니다.

◆ 이해하는 법, 공감 3박자

산만한 아이와 제대로 공감하기 위해서는 3박자가 맞아야 합니다. 공감 3박자는 '머리로 이해하기', '마음으로 받아들이기', '이것을 말로 표현하기'입니다.

예를 들어봅시다. 산만한 아이는 소근육 발달이 더딘 경향이 있어서 글씨를 엉망으로 쓰는 경우가 많습니다. 그래서 숙제 검사를 하던 엄마가 "글씨가 왜 이 모양이냐, 다시 써!"라고 혼을 내는 경우가 비일비재합니다. 이렇게 혼낸 뒤 아이가 순간 글씨를 잘 쓸 때도 있어서 "얘가 그동안 일부러 이런 거 아냐?"라고 혼동이 될 때가 있을 것입니다. 실상은 글씨를 잘 쓰기 위해 아이가 정말 최선을 다한 것입니다. 매번 글씨를 쓸 때마다 이렇게 최선을 다할 수는 없겠지요. 오른손잡이인 사람에게 왼손으로 계속 글씨를 쓰라고 하는 것과 같다고 생각하면 아이가 얼마나 힘이 들지 이해할 수 있을 것입니다.

그렇다고 엉망으로 쓴 과제를 그냥 내게 할 수 없어 다시 쓰라고 하면 아이가 순순히 "네, 엄마. 다시 잘 써볼게요"라고 말할 리는 없습니다. 대부분은 짜증을 내거나 화를 내곤 합니다. 이때 공감의 3박자를 사용해봅시다.

✪ 공감 3박자 사용법 ✪

분류	순서	내용
1박자	머리로 이해하기	소근육이 아직 충분히 발달하지 않아서 힘을 많이 주다 보니 글씨 쓰기가 힘들었겠네. 그래서 대충 썼던 거구나.
2박자	마음으로 받아들이기	나보고 왼손으로 계속 글씨 쓰라고 하는 것과 같았겠네. 힘들었겠다.
3박자	말로 표현하기	"잘 쓰고 싶었을 텐데 손이 많이 아팠구나. 글씨를 알아볼 수가 없어서 엄마가 다시 쓰라고 한 건데, 그게 싫었구나. 그래서 화가 난 거고."

공감의 3박자 중 '말로 표현하기'에서는 아이의 행동과 감정, 생각과 감정을 잘 연결해서 아이의 상황을 있는 그대로 말로 표현해주세요. 만일 엄마가 화낼까 봐 아이가 눈치를 보면 "엄마가 혼낼까 봐 걱정돼서 그런 거지"라고 그 상황을 말로 적절히 표현해주면 됩니다. 이런 부모의 태도를 통해 아이는 충분히 이해받았다고 생각해 마음속에는 저항과 상처 대신 충만감과 따뜻함이 자리잡게 됩니다.

이렇게 부모의 공감이라는 처방을 통해 실패나 상처에 대한 면역이 생기면 그 다음부터는 문제를 해결해나갈 수 있게 됩니다.

03

산만함 바로잡는 기본 원칙

1 훈육하는 방법 4단계

이해를 받았다고 생각하는 순간 아이는 마음이 따뜻해져서 부모의 훈육을 받아들일 마음의 준비를 하게 됩니다. 〈이솝우화〉에서 나그네의 옷을 벗긴 것은 세찬 바람이 아니라 따뜻한 태양이었던 것과 같은 이치이지요. 산만한 아이를 훈육할 때에도 방법이 있습니다.

다음과 같은 갈등이 발생했습니다.

손을 씻으러 가는데 강아지가 멍멍 하고 짖으니까 손 씻는 걸 까맣게 잊어버리고 강아지하고 놀고 있습니다. 빨리 손을 씻고 와서 밥을 먹어야 숙제도 할 텐데 …….

이 상황을 어떻게 해결하면 좋을지 단계별로 알아보겠습니다.

🔻 1단계 : 마음 알아주기

항상 아이의 행동이나 감정을 조절해주기 위해서는 그런 행동을 할 수 밖에 없는 아이의 마음을 먼저 살펴보아야 합니다. 왜 그런 행동을 할까요? 아이가 충동적이라서 마냥 생각 없이 행동하는 것 같지요. 바로 그 충동성이 이유인 것입니다.

앞의 상황을 가지고 생각해보겠습니다. 이런 일은 산만한 아이에게서 흔히 일어날 수 있는 일입니다. 산만한 아이는 작은 자극에도 쉽게 주의가 분산되어 자신도 모르게 휘말리는 특징이 있습니다. 그러므로 아이의 마음을 읽어 그 상황을 말로 풀어서 표현합니다.

🔶 2단계 : 안 되는 이유를 짧게 말하기

이렇게 아이 마음만 읽어준다고 아이의 행동이 바뀌는 건 아닙니다. 산만하고 조절이 잘 되지 않는 경우에는 구체적이고 명확한 지침이 필요합니다. 그래서 2단계에서는 그 행동을 계속하면 안 되는 이유를 구체적이고 단호하게 말해주어야 합니다. 단, 절대 길게 이야기해선 안 됩니다. 가뜩이나 산만하고 집중하는 시간이 짧은데 엄

지침은 최대한 명확하고 짧게

마가 너무 길게 훈계식으로 말하면 역효과가 납니다. 아이가 엄마 이야기를 듣지 않고 딴 짓을 할 가능성이 100퍼센트입니다. 그러니 2단계는 반드시 짧게 하는 것! 꼭 기억하세요.

● 3단계 : 대안 마련해주기

아무리 좋은 훈육이라도 무조건 안 된다고 하면 아이는 말을 듣지 않습니다. 이런 것을 '심리적 저항'이라고 합니다. 이때 아이의 마음을 사로잡을 수 있는 좋은 방법이 있습니다. 아이가 지금 하고 있는 것과 동일한 정도의 욕구를 채울 수 있는 대안을 주는 것입니다.

"대신 밥 먹고 10분 동안 강아지랑 놀아."

"대신 밥 먹고 숙제 끝내면 그 다음부터는 잘 때까지 강아지랑 마음껏 놀아라."

아이에게 선택권 주기

이 단계가 성공적으로 진행되려면 적절한 대안을 제시해야 합니다. 아이가 대안에 전혀 관심이 없거나 대안을 선택했다가는 오히려 손해 보는 느낌을 받게 되면 3단계를 받아들이지 않고 "싫어"로 일관하게 될 것입니다.

🔴 4단계 : 최후 통첩하기

이렇게 해도 모든 아이가 엄마의 훈육을 받아들이는 것은 아닙니다. 특히 산만하고 충동적인 아이의 경우 자신이 원하는 것을 끝까지 해내려 하고, 쉽게 전환이 되지 않아 대안을 주는 훈육을 받아들이지 못하는 경우가 종종 있습니다. 아이의 이런 특성 때문에 훈육 효과가 금방 허공으로 날아가 버리므로, 이런 경우에는 최후의 방법을 적용

엄마의 제안을 거부했을 때 최후 통첩하기

해야 합니다. 저는 이것을 '최후 통첩'이라고 하는데, 대안까지 거부했을 때 아이에게 주어지는 불이익에 대해 말해주는 것입니다.

"그럼 강아지는 엄마가 데려간다."

"그럼 오늘 숙제 끝나고 하기로 한 게임 시간을 10분 줄일 거야."

"엄마가 한 번 더 말할 때까지 움직이지 않으면 그때는 엄마가 너에게 큰소리를 치게 될거야!"

이런 최후 통첩 방법으로는 혼을 내고, 지금 하고 있는 것을 못하게 하는 것도 있지만, 아이가 좋아하는 것을 뺏는 것도 하나의 방법입니다.

2

혼내기 전에 생각하기

조금만 정신을 차리면 잘하는데 항상 정신을 빼놓고 있는 것 같아서 아주 엄격하게 혼을 냈습니다. 그러면 그 순간에는 말을 잘 듣거든요. 어릴 때는 그래도 이 방법이 통했는데 일곱 살이 되면서부터는 부쩍 말을 듣지 않고, 어떤 때는 주먹을 쥐고 부들부들 떨기까지 합니다. 처음에는 기가 막혔는데, 요즘 들어 엇나가는 것 같아서 조금씩 걱정이 됩니다. 제가 너무 엄격하게 해서 아이에게 문제가 생긴 걸까요?

대부분의 부모는 산만한 아이를 이해하지 못합니다. 조금만 정신 차리면 잘하는데 왜 자꾸 정신을 빼놓고 다니냐는 것입니다. 잘할 수 있는데 안 한다고 생각하면 부모는 점점 엄격하게 아이를 대하고, 나중에는 분노가 폭발하게 됩니다.

산만한 아이를 키울 때는 기본 전제를 다시 생각해야 합니다. '정신만 차리면 잘하는데 안 하는 것'이 아니라 '집중이 안 되는 것을 해내려고 매우 노력한 것'이라고 말입니다. 즉, 집중하려고 엄청 노력했기 때문에 그 순간은 엄마가 지시하는 대로 집중력을 발휘한 것입니다. 이렇게 생각을 바꿔야 아이와의 마찰이 줄어들게 됩니다.

사실, 아이들은 순간 조절이 되지 않아서 그렇지, 발휘할 수 있는 다른 능력이 부족한 것은 아닙니다. 그러므로 엄마가 산만한 것만 생각해서 계속 혼을 내면 아이는 엄마 눈치를 살피느라 자기 생각을 펼치기 어렵게 되고, 어떻게 해도 혼만 나니까 계속 엄마에게 묻고 확인하게 됩니다. 결국 엄마 없이는 아무것도 할 수 없는, 엄마가 하라는 것만 하려는 의존적인 아이로 자라게 됩니다.

매일 혼이 나는 아이의 정서는 어떨까요? 당연히 위축되고 불안정해집니다. 다른 사람과 좋은 관계를 맺고 서로 격려하는 경험이 부족하다 보니 또래 관계에서도 불안정한 모습을 보이게 됩니다.

일반적으로 부모가 강압적, 통제적, 지시적인 양육 태도를 취할 때 아이는 다음과 같은 특징을 보입니다.

❍ 부모의 엄격한 태도가 아이에게 미치는 악영향 ❍

영역	아이에게 미치는 영향
발달	창의성이 부족해집니다.
행동	계속 엄마에게 의존합니다. 좌절과 실패를 경험할 때 적대적이고 공격적인 반응을 보입니다.
정서	위축되고 불안정한 정서를 보입니다.
사회성	사교성이 부족하고 타인에 대한 배려가 부족해 또래 관계가 불안정해집니다.

그렇다면 부모가 어떤 양육 태도를 취하는 것이 아이에게 도움이 될까요. 아래의 표에 부모 양육 태도별 방식과 그에 따른 아이의 반응을 정리했습니다.

✪ 부모의 양육 태도에 따라 달라지는 아이의 반응 ✪

분류	부모의 양육 태도	아이의 반응
과잉 보호형	• 자녀를 맹목적으로 사랑한다. • 자녀를 위해서 희생한다. • 불필요한 걱정을 많이 한다.	• 정서적 성숙이 느리다. • 신경성 증세가 늘어난다. • 부모에 의존적이다.
지배형	• 부모의 의도를 강조한다. • 단점을 비난하고 무시한다. • 자녀의 행동에 불만을 가진다. • 자녀에게 사사건건 반대하고 통제한다.	• 자신감이 없어지고 강박 경향이 생기게 된다. • 욕구불만이 커진다.
거부형	• 자녀를 무시하고 미워한다. • 엄격하고 관용적이지 못하다.	• 공격적인 성격을 가지게 된다. • 비행과 애정결핍 증세가 나타난다.
방임형	• 자녀에게 관심을 갖지 않는다. • 간섭도 칭찬도 하지 않는다.	• 자기 마음대로 행동한다. • 자기중심적이 된다. • 권위에 반항한다.

PART III

산만한
아이의
문제행동
바로잡기

엄마는 아이의 마음과 상태를 잘 살피고
이를 기초 삼아
해도 되는 것과 안 되는 것을
적절히 지도해야 한다.

보는 것마다 사달라고 떼쓸 때

가장 필요한 '조절 능력' 키우는 법

본격적으로 산만한 아이를 훈육하기 위한 첫 단계를 알아봅시다. 산만한 아이에게 키워주어야 할 가장 기본적인 능력은 바로 조절 능력입니다. 산만한 아이가 보이는 대부분의 행동은 '마음 따로! 몸 따로! 생각 따로! 모두 따로따로!'이기 때문에 발생하는 것입니다. 이를 하나로 잘 묶어서 조화롭게 하는 것이 바로 조절 능력입니다. 이때 중요한 것은 타인을 고려하고 상황에 맞게 행동하는 것이 병행되어야 한다는 점입니다.

이제 조절 능력에 대해 알아보겠습니다.

'조절 능력' 알기

아래의 몇 가지 키워드를 보면 '자기 조절'을 쉽게 이해할 수 있습니다.

◆ 스스로 하기

조절 능력에서 중요한 것은 바로 '스스로'입니다. 조절 능력이란 자기 스스로 생각하고 계획을 세워서 적절한 행동을 하고, 부적절한 행동은 참을 수 있는 능력을 말합니다. 여기서 중요한 것은 바로 다른 사람의 감시 없이도 아이 스스로 사회적으로 인정된 행동을 하는 것입니다.

◆ 적응하기

스스로 생각하고 행동할 때 한 가지 방법만 고수한다거나 외부 상황을 고려하지 않고 자기 마음대로 하면 안 되겠지요. 그래서 다양한 사회적 상황에서 융통성 있게 적응하는 법을 배워야만 합니다.

🔶 보상을 위해 참기

이렇게 조절을 했는데 아무런 보상이 주어지지 않는다면 굳이 조절해야 할 이유가 없겠지요. 인간은 이익이 없는 행동은 반복하지 않는 법입니다. 자기 조절을 해서 나중에 더 큰 결과를 얻는 것을 알게 되면 그것 때문에 지금 힘들고 어려워도 견뎌낼 수 있습니다. 그래서 조절 능력을 잘 발휘하려면 '내가 지금 움직이고 싶은 것을 조금 참으면 나중에 더 많이 놀 수 있다'라는 미래의 결과를 예측할 수 있어야 합니다. 이 능력은 조절 능력을 향상시키는 데 아주 큰 역할을 합니다. 아이가 조금 앞선 미래의 달콤한 보상을 떠올릴 수 있다면, 지금 당장 하고 싶은 마음과 행동을 참을 수 있겠지요.

바로 이런 능력을 '만족 지연 능력'이라고 합니다. 이러한 만족 지연 능력이 높은 아이는 성장했을 때 지능과 관계없이 공부도 잘하고 사회성도 좋다는 연구 결과가 보고되었습니다. 예를 들어 어릴 때는 밥을 맛있게 먹기 위해 지금 당장 먹고 싶은 간식을 먹지 않는 것, 조금 더 크면 좋은 성적을 받기 위해서 매일 꾸준히 공부하는 것, 지금 당장 게임을 하고 싶지만 더 나은 미래를 생각하면서 참는 것, 살을 빼서 예쁜 옷을 입기 위해 지금 당장 먹는 것을 줄이는 것 등이 만족 지연 행동에 포함됩니다.

● 주변에 휘둘리지 않기

조절 능력을 잘 발휘하기 위해서는 주변 상황에 휘둘리지 않고 자신의 행동, 생각, 감정을 잘 다루어야 합니다. 그런데 주의산만한 아이는 이러한 능력을 발휘하는 것에 어려움을 느낍니다. 선생님에게 혼이 날 것을 알지만 친구와 떠들게 되고, 빨리 숙제를 끝내면 더 놀 수 있지만 지금 당장 놀고 싶은 마음을 억누르지 못하는 것이지요.

또 감정이나 외부 환경에 쉽게 휘둘려 적절한 행동을 해야 하는 시기를 자꾸 놓칩니다. 재미있게 놀다가도 수업이 시작되면 빨리 자기 자리에 가서 앉아야 하는데, 산만한 아이는 재미에 푹 빠져서 선생님이 오시건, 수업이 시작되건 개의치 않고 놀이를 계속하려고 합니다. 그러니 계속 지적받고 혼이 나는 상황이 반복되는 것이지요.

✪ 자기 조절이 잘되는 아이 & 안 되는 아이 ✪

	자기 조절이 잘되는 아이	자기 조절이 안 되는 아이
행동	더 좋은 것을 얻기 위해 기다릴 수 있다.	지금 당장 원하는 것을 해야 한다.
	말로 협상이 가능하다.	떼 쓰는 일이 많다.
	좌절하는 상황에도 다양한 대안을 생각해낸다.	좌절하는 상황을 잘 견뎌내지 못한다.
	자신에게 주어진 것을 즐겁게 해낸다.	기대만큼 성취를 잘하지 못한다.
	전후 맥락 안에서 인과관계를 고려할 수 있다.	충동적이거나 과잉행동을 하는 경우가 많다.
정서	부정적인 감정을 잘 처리할 수 있다.	감정 조절을 잘 못한다.
	공격성이 많이 나타나지 않는다.	공격적인 경우가 많다.
	다른 사람의 감정을 잘 이해할 수 있다.	다른 사람의 감정에는 큰 관심이 없다.
관계	부모와 좋은 관계를 유지한다.	부모와의 관계가 나빠진다.
	또래 관계가 원만하다.	또래 관계가 원만하지 않다.

2   아이가 필요로 하는 '조절 능력'

자기 조절은 크게 인지 조절과 정서 조절로 나눌 수 있습니다.

🔶 인지 조절

아이는 외적 지시나 감독 없이도 특별한 목적을 수행하기 위해 계획된 행동을 유지할 수 있어야 하는데 이때 필요한 것이 바로 인지 조절 능력입니다. 즉, 남이 시켜서가 아니라 스스로 계획하고 점검하면서 문제를 해결하는 것이지요. 인지 조절이 발달된 아이는 주의 집중을 잘하고, 반성적 사고를 통해 문제 해결을 점검하고, 학습에 적극적으로 참여하게 됩니다.

🔶 정서 조절

인지 조절과 더불어 아이는 자신의 내적 상태를 잘 조정하여 사회적으로 용인된 방법으로 상황에 맞게 반응할 수 있어야 하는데 이것이 바로 정서 조절 능력입니다. 이를 위해서는 정서를 인식하고, 억제하고, 대처할 수 있어야 합니다. 그러므로 정서 조절이 잘 되는 아이는 자신뿐 아니라 다른 사람의 감정과 의도도 잘 이해하면서 공감하고 이에 잘 대처합니다.

따라서 산만한 아이가 정서 조절을 잘하게 되면 다음과 같은 부분이 발달하게 됩니다.

적절한 행동을 할 수 있다

정서 조절을 잘하는 아이는 자신의 마음 상태를 조절할 수 있기 때문에 감정에 휘둘려 부적절한 행동을 하는 일이 줄어듭니다.

다른 사람의 감정과 의도를 이해할 수 있다

자신의 감정을 알고 그것이 다른 사람에게 어떤 영향을 미치는지를 알아차릴 수 있는 아이는 타인의 감정과 의도를 잘 이해하게 되어 진정한 공감이 가능해집니다.

상황에 적절하게 대처할 수 있다

다른 사람의 마음에 대해 진정으로 공감하게 되면 이를 기반으로 하여 다른 사람에게 어떻게 행동하고 말해야 하는지 알게 되고, 이런 상황에서 자신이 어떻게 대처해야 하는지 알 수 있게 됩니다. 또 감정에 휘둘리지 않기 때문에 상황을 보다 정확하게 파악해서 좋은 방법으로 대처할 수 있게 됩니다.

사회 적응과 관계 형성이 잘 된다

정서 조절 능력에는 격렬한 분노를 참는 것 같이 감정의 강도를 조절할 수 있는 정서 억제 능력이 포함되어 있습니다. 이것은 평생에 걸쳐 꾸준히 발달하는 중요한 자기 통제 능력 중 하나입니다. 아이는 이런 능력을 통해 다른 사람과 좋은 관계를 잘 유지할 수 있게 됩니다.

조절 능력이 서툴러 부적절한 행동을 한다

3

'조절 능력' 키우기 : 기초공사

어떤 문제를 해결하기 위해서는 차근차근 기초 공사부터 잘 다지는 것, 문제가 발생한 상황에서 당장 문제를 해결하는 것의 두 가지 접근 방법이 필요합니다.

◆ 아이와의 신뢰 관계

엄마가 최대한 일관성 있고 따뜻한 태도로 아이를 양육하면 아이는 예측 가능한 엄마의 행동 때문에 일상생활에서 안전함을 느낄 수 있습니다. 이렇게 충분히 안정된 환경에서 자란 아이는 어느 순간 화를 내고 혼을 내는 나쁜 엄마를 경험해도 자신 안에 이미 형성된 좋은 엄마를 기억하면서 이를 잘 견뎌낼 수 있습니다. 즉, 훈육을 받을 준비가 된 것이지요. 그러므로 아이의 조절 능력을 키워주고 제대로 훈육을 하고 싶다면 가장 먼저 아이와 긍정적인 신뢰 관계를 맺어야 합니다.

◆ 아이 요구에 대응하는 자세

부모가 아이의 말을 다 들어주다가 어느 순간 안 된다고 호통을 치면 아이는 이를 잘 이해하지 못하고, 이를 자신에 대한 거절이라고 생각하여 상처를 받거나 화를 내게 됩니다. 아이의 마음이나 관심사에 대해서는 생각하지 않고 일방적으로 엄마의 의견이나 방법만 고수할 때에도 아이는 억울한 마음이 앞서 자신의 행동을 스스로 조절하지 못합니다. 이런 경우 엄마가 자신의 이야기를 들어줄 것 같은 기회를 엿보거나, 엄마가 화를 낼 때까지 더 마음대로 행동하거나, 엄마 말에 거역하는 행동으로 엄마에게 화난 마음을 표현합니다.

그러므로 엄마는 아이의 마음과 상태를 잘 살피고 이를 기초 삼아해도 되는 것과 안 되는 것을 구분해서 지도해야 합니다. 이런 과정속에서 아이의 만족 지연 능력은 점차 커집니다.

✿ 조절 능력의 연령별 발달 단계 ✿

	조절 능력 발달 단계	자기 조절 형태	반드시 해줘야 할 것	얻게 되는 능력	치러야 할 대가
만 1세 이전	생리적, 감각적 반응 단계	환경에 대해 반사적, 신체적으로 반응	절대적인 보호와 위안	안정감	불안
만 1세	통제력 발현 단계	양육자의 요구 이해 가능	일관성 있는 태도	자기감	불안
만 2세	자기 통제 단계	부모의 지시, 금지에 따르기	안정된 애착 형성	자율성	불안· 엄마와 분리 어려움
만 3~6세	자기 조절 단계	−내재적/자율적 −만족 지연· 억제하기· 반성적 사고를 통해 행동 및 정서 조절	−적절한 보상 −언어를 통한 훈육 −함께 가상놀이 해주기	주도성	−반항 −의존적 태도 −외부 적응 어려움
학령기	좀더 복잡한 책략 사용 단계	행동 조절 : 자신의 행동을 계획, 점검, 평가 정서 조절 : 인식, 억제, 대처	좋은 모델 보여주기, 언어를 통한 상호작용	근면성 책임감	−행동 문제 −동기 저하 −자기 주도 학습 어려워짐
사춘기 ~성인	유지 단계	행동 조절 정서 조절	사회 경험을 통해 다듬어짐	책임감	−사회 적응 어려움 −중독 등의 문제 행동

무조건 참는다고 조절 능력이 향상되는 것은 아닙니다. 특히 산만한 아이는 자기 조절이 좀처럼 되지 않기 때문에 부모의 절대적인 도움이 필요합니다. 이를 위해서 다음과 같은 방법이 도움이 됩니다.

🔻 스스로 조절하려고 할 때

> 영민이는 세 살인데요, 블록을 만들면서 제가 옆에 있는데도 "이거는 …", "뭐지 …", "이렇게 올라가서 이렇게 하고" 같은 혼잣말을 많이 합니다. 자폐증을 가지고 있는 아이도 이렇게 혼잣말을 한다던데 혹시 우리 아이가 자폐 증상을 가지고 있나요? 평상시에는 저와 말도 잘하고 잘 놉니다. 오히려 산만한 편이에요. 아이가 혼잣말을 하는 이유가 뭘까요?

아무리 충동적인 아이라 하더라도 간혹 자기 스스로 조절하려고 애를 쓸 때가 있습니다. 그때 아이가 사용하는 전략이 무엇인지 찾아보기 바랍니다. 어떤 아이는 혼잣말을 하는 경우도 있고, 몸을 흔들거나 말을 많이 하는 경우도 있습니다. 이런 행동을 그저 산만하다고만 여기지 말고 혹시 자신의 부정적인 감정을 소화하려거나 하고 싶은 것을 참으려고 사용하는 전략인지 살펴보기 바랍니다. 특히 어린아이일수록 영민이처럼 혼잣말을 하면서 자신의 감정을 다스리기도 합니다. 그러므로 이럴 때에는 계속 말을 시키거나 '이렇게 해라, 저렇게 해라' 식의 훈수를 두는 것을 잠시 멈춰야 합니다. 부모는 아이가 충분히 자신의 감정을 다스려서 충동적인 행동으로 확대되지 않도록 고군분투하고 있는 장면을 있는 그대로 이해해주고 "어떻게 하면 잘할 수 있을지 생각하고 있구나", "찡그리는 걸 보니까 잘 안 돼서 속상한가 본데 ……. 그래도 잘해보려고 애쓰네" 등과 같이 반응해주십시오.

🔴 문제 상황이 발생할 때

기찬이는 마트에 가서 원하는 장난감이 있으면 그때 바로 사야지, 기다리라고 하는 말을 참지를 못해요. "안 돼, 네가 원하는 것을 다 할 수는 없어"라고 몇 번을 타일러도 '지금 당장' 사줘야 합니다. 안 그러면 발을 구르고, 바닥에서 뒹굴고, 고래고래 고함을 칩니다. 그러다가 그 장난감을 사주면 언제 그랬냐는 듯이 웃고 까불어요. 다른 산만한 아이도 이렇게 떼를 쓰나요?

기질적으로 과잉행동과 충동 성향을 타고난 아이의 경우, 기찬이처럼 아무런 지침도 주지 않고 그냥 안 된다고 훈계하는 것은 효과가 없습니다. 몇 가지 지침을 주고 기다리게 하는 편이 행동 조절을 더 잘할 수 있게 만듭니다. 이런 전략에는 움직이는 운동 자극, 혼자 말하는 언어 자극, 이것저것 보게 하는 시각 자극 등이 있습니다. 여러 연구 결과, 어릴 때에는 춤추거나 노래하는 등 몸을 움직이게 하는 것이 도움이 되지만 나이가 들수록 시각적으로 주의를 분산시키는 전략이 더 효과적이라고 보고되고 있습니다.

예를 들면 충동적이어서 지금 당장의 욕구를 조절하지 못하는 기찬이의 경우, 다음과 같은 4단계를 사용해볼 수 있습니다.

1단계 : 예고하기

마트에 가기 전에 "오늘은 장난감 하나만 살 거야. 네가 아무리 울고 떼를 써도 엄마는 안 들어준다"라고 예고해주세요.

2단계 : 자극 분산하기

장난감 코너에서 이것저것 사 달라며 떼를 쓸 때는 자극을 분산시켜 주세요.

"네 마음에 드는 장난감이 또 있을 거야. 여기 한 번 더 돌아보고 가장 마음에 드는 것 하나 사자."

3단계 : 자극 차단하기

그래도 계속해서 자신이 원하는 것을 여러 개 사겠다고 할 때에는 "나가자. 오늘은 하나도 못 사겠다"라고 아이를 번쩍 안고 화장실로 가거나 다른 곳으로 이동하세요. 즉, 아이가 장난감에 현혹되어 '갖고 싶다'는 격렬한 감정에 사로잡혀 있을 때는 시각적 자극을 차단하는 것이 필요합니다. 이미 아이의 감정은 격해져 있는데 장난감이라는 자극 앞에 아이를 그대로 노출시키면서 무조건 안 된다고 하는 것은 다이어트 때문에 배가 고픈데 뷔페에 데려가 "절대 음식을 먹으면 안 돼. 참아"라고 하는 것과 같습니다.

특히 충동적인 아이의 경우 외부 자극에 쉽게 동요되기 때문에 1, 2, 3단계를 잘 적용해보고 훈련을 시키기 바랍니다. 아이들이 2단계 또는 3단계까지 잘 수행해냈다면 마지막 4단계가 중요합니다.

4단계 : 격려하기

이렇게 아이가 2단계 또는 3단계까지 잘 따라오면 그때 부모는 즉각적으로 아이의 고된 노력에 아낌없는 격려를 해주어야 합니다. "다 갖고 싶었을 텐데 그중에서 하나만 골랐네. 기특하다" 등과 같이 구체적으로 아이의 '행동'을 짚어가면서 격려하기 바랍니다. 단 이때 '역시 넌 내 아들(딸)이야', '넌 너무 착해', '진짜 훌륭하다' 등과 같이 과도하게 칭찬하는 것은 삼가는 것이 좋습니다. 칭찬이 과하면 아이는 칭찬받기 위해 계속 엄마의 기분를 살펴야 하고, 칭찬해주지 않으면 거절당했다고 생각하여 다른 사람의 평가에 전전긍긍해하는 아이로 클 가능성이 많습니다. 이 역시 스스로 조절하는 능력을 키우는 데 방해가 되겠지요.

🔶 지금 당장 해달라고 조를 때

여기 세 명의 아이들이 있습니다. 아이들은 지금 시험에 빠져 있습니다. 어떤 아이가 이 시험을 성공적으로 통과할 수 있을까요?

> 아이 앞에 맛있는 쿠키를 하나씩 놓은 뒤 "만일 지금 안 먹고 잘 기다리면 쿠키를 2개 줄게"라고 했습니다. 이때 아이들마다 조건을 다르게 제시했습니다.
>
> 1번 철수: "이 과자가 얼마나 맛있을까 생각하면서 기다려봐."
>
> 2번 영민: "잘 기다리면 과자를 5개 더 줄게. 그걸 생각하면서 기다려봐."
>
> 3번 태환: "엄마랑 재미있게 놀았던 일을 생각하면서 기다려봐."

1번 철수, 2번 영민, 3번 태환 중에서 가장 오래 기다린 아이는 누구일까요? 3번 태환이입니다. 그렇다면 가장 못 기다린 아이는 누구일까요? 1번 철수입니다. 왜 이런 결과가 나왔을까요?

철수는 쿠키에 대한 생각을 계속 해야 하니 점점 더 그 쿠키가 먹고 싶을 것이고 참을 수가 없게 됩니다. 같은 원리로 태환이는 눈앞의 쿠키에서 엄마와 재미있게 놀았던 일로 관심사를 돌리게 되니 오래 기다릴 수 있는 것이지요.

그렇다면 "지금! 당장!"을 외치는 아이에게는 어떤 전략을 도입해야 할까요? 일반적으로 아이는 엄마가 '안 된다'라고 하거나, '기다려라'라고 할 때, 안 되는 것을 알면서도 하고 싶은 '심리적 저항'이 생기게 됩니다. 어릴 때에는 엄마 말을 듣지 않으면 후폭풍을 감당할 수 없으니 엄마 말에 따르지요. 하지만 이런 훈육이 반복될수록 아이는 점점 말을 듣지 않게 됩니다. '어릴 때는 어쩔 수 없이 엄마 말을 들었지만 이제는 나도 힘이 좀 생겼으니 내 마음대로 할 거야'라는 것이지요. 이해받지 못하고 늘 혼만 나는 아이일수록 이런 마음이 더하지 않겠습니까? 지금이라도 엄마의 훈육 태도를 바꾸지 않으면 '산만함'에 '반항'이라는 문제까지 더해집니다.

그러므로 아이에게도 '엄마 마음대로'가 아니라 '내가 하니까 되네'라는 자신감을 심어주는 것이 필요합니다. 그래야 자신의 에너지를 엄마와의 쓸데없는 힘겨루기에 쓰지 않고 온전히 자신에게 집중할 수 있게 되면서 보다 좋은 결과를 얻게 될 것입니다.

이렇게 엄마와의 힘겨루기를 벗어나서 자기에게 최선을 다하도록 나름대로의 전략을 만들어주는 것이 바로 '대안 주기'입니다. 처음에는 엄마가 대안을 제시해주어야 하지만 반복되면 아이는 스스로 사고하여 대안을 만들어낼 수 있게 됩니다. 이것이 바로 문제 해결 능력을 키우는 기초 공사가 됩니다. 이렇게 될 때 시키는 공부만 잘하는 똑똑한 아이가 아니라 스스로 생각해서 문제를 해결하는 지혜로운 아이로 성장하게 되는 것이지요.

🔻 밖에서는 잘 통제가 안 될 때

저는 좀 엄격하게 아이를 키우는 편이에요. 아이가 워낙 산만해 혼낼 일이 많아져요. 그래서인지 집에서는 제 말을 잘 듣는데 밖에만 나가면 통제가 안 되고, 말을 잘 듣지 않네요. 집에 손님이 와도 제 말을 안 들어요. 유치원에서도 선생님 말을 잘 안 들어서 선생님이 "자꾸 이러면 엄마 오시라고 한다"라고 엄포를 놔야 말을 듣는대요. 왜 제 앞에서와 다른 사람 앞에서의 아이 행동이 다를까요?

부모가 강압적, 지시적, 통제적인 의사소통 방법을 사용하면 아이는 부모의 눈치를 살피고 혼나지 않는 방법만 찾으려 하기 때문에 조절 능력을 키우기 힘듭니다. 그래서 집에서는 말을 잘 듣지만 사람이 많은 곳이나 집에 누군가가 오면 제멋대로 하는 경우가 생깁니다. 부모가 너무 강하게 몰아붙이면 아이는 스스로 생각할 여유를 갖지 못하고 혼나지 않는 것이 목표가 되어버립니다. 그러므로 애정 어린 자세를 취하면서 적절한 한계를 알려주고 연습시키는 것이 절대적으로 필요합니다.

아이의 행복감을 조사한 연구에서 부모와 친밀한 대화를 하지 못하는 것이 가장 큰 스트레스가 되며 아이가 불행하다고 느끼게 한다는 결과가 보고되었습니다. 그러므로 일방적인 훈육이 아닌 친밀한 대화를 통해 아이와 상호작용할 수 있다면 행복감도 보장하고 조절 능력도 키워주는 '꿩 먹고 알 먹는' 효과를 얻을 수 있게 될 것입니다.

여기서 주의해야 할 것이 있습니다. 다음에 소개하는 대화 방법은 아이의 분노가 폭발하기 전에 활용해야 합니다. 이미 물건을 던지고 악을 쓰고 있는데 이런 대화를 시도하면 오히려 분노의 불길에 기름을 붓는 격이 됩니다. 조금만 더 민감하게 아이의 표정과 행동을 살펴 아이의 정서가 부정적인 색채를 띠기 시작할 때를 포착하여 대화를 시도해보세요. 아이가 자신의 속상한 마음을 부적절한 행동으로 나타내는 일이 현저하게 줄어들 것입니다.

'조절 능력' 키우기 : 설득 방법

◆ 상대방 마음을 헤아리지 못할 때

민수는 다섯 살인데 여자친구들을 좋아해서 계속 안고 뽀뽀하려

고 해요. 요즘 엄마들은 이런 거 너무 싫어하잖아요. 아무리 하지

말라고 해도 아이는 아랑곳 안 해요. 그래서 다른 엄마들 보기

민망해서 일부러 더 혼을 내기도 해요. 그러다 보니 여자아이들

이 있는 곳에 가면 저까지 긴장이 돼요. 그런데 유치원에선 어떻

게 할 수 없어서 …… 이런 경우엔 어떻게 해야 할까요?

대화의 키포인트는 역지사지 능력을 키우는 데 있습니다. 충동적
인 아이는 자신의 욕구만 중요하고 다른 사람의 마음을 이해할 여유
가 없습니다. 또 자신의 행동이 가져올 결과를 예측할 능력이 부족
하다 보니 이런 행동이 반복됩니다. 이런 아이의 특성을 이해한다면
아이와 함께 다른 사람의 마음 이해하기, 즉 역지사지 능력을 키울
수 있는 대화를 시도해야 합니다.

여자아이가 싫어하는데도 계속할 때

◆ 충동적으로 과격한 행동을 할 때

어릴 때는 블록을 쌓다가 자기 마음대로 안 되면 던져버리고 화를 내더니 초등학교에 들어가서는 수학 문제가 안 풀린다고 마구잡이로 낙서를 하거나 화를 내면서 문제집을 던져버려요. 이제 공부는 아예 안 하려고 해서 숙제 한번 시키려면 전쟁입니다.

대화의 키포인트는 아이의 부정적인 정서를 엄마라는 그릇에 옮겨 담는 것입니다. 즉, 아이가 대화를 통해 부정적인 정서를 엄마에게 전달해서 자신의 불안을 덜어내는 것이지요.

충동적인 아이는 평소에 실패하는 경험이 많다 보니 좌절감에 빠질 때가 많습니다. 물론 대부분의 유아기 아이는 자기 뜻대로 되지 않는 상황을 싫어하고 못 견뎌하는 경향이 있습니다. 좌절을 경험했을 때 에너지 수준이 낮고 예민한 아이는 위축된 모습을 보이며 새로운 일에 도전하지 않으려는 회피 행동을 보이는 반면, 충동적인 아이는 물건을 던지거나 화를 내는 등 다소 과격한 행동을 보입니다. 그러다 보니 위축된 행동을 보이는 아이보다 충동적인 행동을 보이는 아이가 더 크게 혼이 나는 것입니다. 위축된 행동을 하는 아이는 위로라도 받을 수 있는데, 충동적이고 산만한 아이는 위로는커녕 혼만 나니 이래저래 더 속상할 것입니다.

이때는 아이의 부정적인 정서 밑에 깔려 있는 불안을 덜어주어야

합니다. 불안한 감정을 아이 스스로 털어놓을 수 있게 부모는 이해

심을 갖고 대화해야 합니다.

마음대로 안 되면 쉽게 포기하고 화 낼 때

:: 조절 능력을 키워주는 엄마의 양육 태도

• **평상시 아이와 좋은 관계를 유지하세요**

  부모와 좋은 관계를 맺은 아이는 부모의 요구와 지시를 기꺼이 따르게 됩니다.

• **적절한 정서 표현의 모델이 되어주세요**

  아이와 상호작용을 할 때, 또는 가정 안에서 엄마가 보여주는 적절한 정서 표현은 아이에게 자기 조절의 중요한 모델이 됩니다.

• **아이에게 맞는 전략이 필요합니다**

  언어, 운동, 인지조절, 주의 분산 등 아이의 연령과 특성에 맞는 조절 전략을 찾아서 훈련시켜야 합니다.

• **대화를 통한 적절한 훈육이 필요합니다**

  해도 되는 행동과 안 되는 행동에 대해 애정 어린 자세와 대화로 가르쳐주세요.

• 과정에 대한 격려가 필요합니다

과정에 대한 긍정적인 보상을 받을 때 아이는 기꺼이 자기 행동을 조절하기 위해 노력합니다. 이러한 격려는 자기 행동의 기준을 만들게 되어 좋은 방향으로 행동을 조절할 수 있게 만듭니다.

• 스스로의 경험이 반드시 필요합니다

자기 조절 능력을 처음에는 어른에 의해 이루어지지만 점점 자기 내면의 목소리로 자리잡아야 합니다. 이를 위해서는 일상생활 속에서 스스로 조절하는 전략을 직접 습득해야 합니다.

• 좋은 모델이 필요합니다

자신의 행동을 통제하기 위해서는 다른 사람과 자신의 관점을 비교해서 차이가 있을 때 이를 수정하려는 노력이 있어야 합니다. 특히 만 7세가 넘어가면 따르고 싶은 좋은 모델이 있을 때 이를 참고로 하여 자신의 행동을 조절하게 됩니다.

자기 주도적 '실행 기능' 키우는 방법

정태는 어릴 때부터 한시도 가만히 있지 않았어요. 남자아이는 다 그런 줄 알았죠. 그런데 유치원에 가면서부터 본격적으로 문제가 드러나기 시작했어요. 계속 반 아이 엄마들로부터 전화가 오고, 선생님도 아이가 산만하다면서 상담을 받아보라고 하시네요. 어릴 때부터 움직임은 많은 편이었지만, 뭔가 어설프고 다치는 일이 많았습니다. 소근육 발달이 늦어서 글씨 쓰는 것을 많이 힘들어하고요. 태권도를 시켜도 택견하듯이 흐느적거리고, 축구를 시켜도 뛰어다니기는 하는데 잘하지는 못합니다. 학교에서도 과제 수행이 늦고 제대로 마무리도 못하는 것 같아요.

산만한 아이가 학습을 시작할 때 난관에 봉착하는 것이 바로 자신이 가지고 있는 만큼 실력 발휘를 하지 못한다는 것입니다. 머릿속에 구슬은 엄청 많이 쌓여 있는데, 이것을 적절하게 꺼내서 실로 꿰어 멋진 목걸이를 만들어내지 못하는 것이지요.

이렇게 머릿속에서 살아 움직이고 있는 정보와 자원들을 활용해서 최선의 문제 해결을 위해 어떤 전략을 언제, 어디서, 어떻게 적용할 것인지를 알고 적용하는 기능을 '실행 기능'이라고 합니다.

효과적으로 문제를 해결하기 위해서는 목표를 잘 세우고, 주의를 집중해야겠지요. 실행 기능에는 다음 세 가지 영역이 포함되어 있습니다.

🔻 목표

- **설정** : 무엇을 할지에 대한 생각을 떠올린다.
- **계획** : 그 활동을 하는 데 요구되는 각 단계를 계획한다.
- **실행** : 실제 움직임을 통해 각 단계에서 요구되는 과제를 수행한다.
- **효과적인 성취** : 이 과정을 통해 원하는 결과를 얻는다.

🔻 주의

- **집중** : 해야 할 일을 선택하고 주의를 집중한다.
- **유지** : 주변에서 방해되는 자극이 있더라도 원하는 결과를 얻을 때까지 주의력을 유지한다.
- **이동** : 과제를 완수했거나 더 중요한 일을 위해서 또는 필요에 따라 주의를 기울이는 과제를 다른 과제로 옮길 수 있어야 한다.

◆ 문제 해결

- **판단** : 어떻게 문제를 해결할 수 있을지 생각한다.

- **의사 결정** : 여러 가지 해결책 중에서 가장 적절한 방법을 결정한다.

- **계획** : 이를 사용하기 위한 구체적인 계획을 세운다.

- **사회적 행동 이행** : 이렇게 세운 계획을 사회적으로 수용되는 방법
  으로 수행한다.

또한 문제 해결을 잘해내기 위해서는 다음과 같은 능력이 필요합
니다.

◆ 필요한 능력

- **작업 기억**(만 3~6세) : 정해진 시간에 무슨 일을 해야 하는지 기억하
  는 능력.

- **억제 능력**(만 3~6세) : 잘못된 일을 스스로 멈출 수 있는 능력.

- **주의 전환**(만 3~4세 때 시작, 5~6세 때 좀더 복잡해짐) : 다른 일을 생각하기
  위해 지금 하고 있는 생각을 멈추는 능력.

- **계획 능력** : 해야 할 일을 위해 계획을 세우고, 계획대로 진행하고,
  제 시간에 성취하는 능력.

종합하면 '실행 기능'이란 아동이 자신의 행동과 학습을 스스로 계획하고 조직하며, 통제하고 조절하면서 자기 주도적으로 관리하고 통합할 수 있는 모든 인지 능력을 말합니다. 산만하고 충동적인 아이에게 절대적으로 부족한 능력이 바로 이 실행 기능입니다. 특히 이런 능력은 만 3세 이후부터 발달하기 시작하는데 이때가 아동의 활동량이 급증하고 인지발달이 폭발적으로 이루어지는 시기입니다. 그러므로 부모는 상호작용을 통해 적절하게 발달 자극을 주는 것이 실행 기능 발달에 도움이 될 수 있습니다.

:: 아이가 실행 기능이 부족하면

- 사람이나 사물과 상호작용하는 기술이 부족합니다.
- 자존감이 낮아집니다.
- 익숙한 것만 하려고 하고 새로운 상황을 피하려고 합니다.
- 갑자기 울고 즐거워지는 등 정서가 불안정합니다.
- 혼자 있거나 또래 아이들과 어울리지 못하고 구경만 합니다.
- 집중하지 못하고 산만합니다.
- 운동 계획이 다른 인지 영역의 수행에 비해 확연히 지연됩니다.

2 만 3~5세는 '실행 기능'을 높이는 시기

주의산만한 아이는 활동량이 많기 때문에 부모가 아이의 운동 능력이나 소근육 발달도 잘하려니 생각하고 넘어가게 됩니다. 하지만 충동적인 아이일수록 운동 능력이나 소근육 발달을 꼼꼼하게 점검하기 바랍니다. 몸의 발달은 이후 인지 발달의 기초가 됩니다. 아이가 몸으로 자신을 조절하고 원하는 만큼 성취할 수 있어야 '내가 이런 것도 할 수 있네. 이렇게 움직이니까 이게 되는구나'라는 느낌을 갖게 됩니다. 이런 감정을 '유능감'이라고 합니다. 이것은 아이의 심리 발달에 매우 중요한 역할을 합니다. 먼저 몸으로 유능감을 경험한 아동은 '나도 할 수 있어'라는 심리적 자신감을 얻게 됩니다.

특히 산만하고 충동적인 아이는 여러 신체 활동이나 몸을 움직여 문제를 해결해야 하는 상황에서 계획을 세우고, 집중하고, 실행하는 경험을 충분히 해야 합니다. 그래야만 이를 통해 심리적 안정감을 얻고, 몸으로 익힌 실행 기능을 기반으로 하여 학습도 해나갈 수 있게 됩니다. 이런 실행 기능은 만 3~5세에 가장 급격한 변화가 일어나고, 만 12세경에는 성인 수준의 수행이 가능해집니다. 이런 실행 기능은 학습의 영향을 많이 받는 것으로 알려져 있습니다.

한번 생각해 봅시다. 실행 기능의 중요한 시기가 만 3~5세라고 했으니 이때 아이의 실행 기능을 도울 수 있는 통로가 있다면 무엇이 겠습니까? 놀이와 일상생활의 경험입니다. 그래서 놀아주고 과잉보호하지 않으면서 스스로 해볼 수 있게 경험시키라는 것을 누누이 강조하는 것입니다.

다음에 소개한 놀이들을 집에서 많이 활용해보기 바랍니다.

● 실행 기능을 향상시킬 수 있는 놀이 활동

자세 조절 연습하기

- 흔들리는 공이나 한 발 의자에서 자세
  조절하기
- 엎드려서 배를 대고 그네를 타거나 기둥 형태의 그네에 매달
  리기

양쪽 손발 협업 연습하기

- 사다리 오르내리고 장애물 통과하기
- 양발 점프, 트램폴린 뛰기, 수영, 줄넘기

순서가 있는 운동 과제 연습하기

- 사방치기, 장애물 건너기, PT 체조

신체 도식圖式을 발달시키는 활동하기

- 종이 상자 속에 들어가서 앞으로 이동하기

- 훌라후프 순서대로 통과하기

- 좁은 공간을 통과하는 장애물 경기

그외 감각을 편하게 자극하는 놀이

- 목욕탕에서 거품 놀이, 면도 거품 놀이

- 설거지, 점토 놀이, 이불 그네, 그물 그네

- 회전의자에서 돌기

- 침대나 소파를 이용한 놀이

- 부모와 함께 몸으로 하는 놀이(말타기, 아빠 그네, 씨름 등)

- 시장볼 때 가방 들기, 물건 운반하기

3

'실행 기능'을 위해 부모가 해야 할 것

부모는 아이의 실행 기능이 잘 발달되도록 도와야 합니다. 이때 부모가 어떤 태도로 임해야 하는지 한번 살펴보겠습니다.

🔴 반복되는 실패에서 벗어나도록 단계 나누기

실행의 어려움을 겪는 아이는 대개 반복적인 실패 경험으로 인해 정서적으로 위축되어 있고 자신감이 부족한 경향이 있습니다. 어려운 과제를 놓고 말이나 행동으로 가르치려고 하는 어른의 태도가 아이로 하여금 더 이상 참여하고 싶지 않게 만들 수도 있습니다.

아이가 쉽게 할 수 있는 수준의 것부터 시작해서 함께 기뻐해주고 격려하면서 아이의 자신감이 늘어나는 정도에 따라 난이도를 조금씩 올리는 것이 좋습니다. 경우에 따라서는 환경을 바꿔주거나 직접적으로 신체적인 도움을 주어 난이도를 맞춰줄 수 있습니다. 예를 들면, 앞구르기를 어려워하는 아이를 위해 머리와 다리를 받쳐서 좀 더 쉽게 구를 수 있도록 도와주거나 야구를 할 때 작은 공을 치는 것을 어려워하면 큰 공으로 바꾸어줍니다.

🔶 다양한 감각을 경험하게 도와주기

아이의 원활한 움직임을 위해서 반드시 필요한 것이 감각 활동입니다. 따라서 아이가 여러 가지 감각 활동을 다양하게 경험할 수 있도록 도와줘야 합니다. 이를 통해 아이는 자신의 신체가 어디에 있는지, 공간에서 어떻게 움직여야 하는지 알 게 됩니다.

🔶 공간을 인식하는 활동 제공하기

사방치기, 고무줄 놀이, 연속 장애물 넘기와 같이 공간 내에서 자기 몸의 위치와 움직임을 연속적으로 계획해야 하는 활동은 아이의 운동 실행 발달에 도움이 됩니다. 또한 놀이터에 있는 정글짐같이 장애물을 통과하고 위아래로 오르내리는 활동들은 아이에게 자신의 신체를 공간에서 어떻게 움직여야 하는지 알려줍니다.

🔶 순차적 문제 해결 능력 키워주기

책가방 정리하기, 시리얼에 우유 붓기, 샌드위치 만들기, 수공예 만들기와 같이 순차적으로 문제를 해결해야 하는 활동을 제공해주세요. 이런 활동을 통해 아이는 순서를 계획하고 그대로 처리하는 과정을 배우게 됩니다.

03 연령에 맞게 적용하는 훈육 방법

아이를 키울 때 항상 고려해야 하는 것이 아이의 연령입니다. 한 살된 아이에게 열 살짜리의 발달을 기대하고 강요할 수는 없기 때문입니다. 그런데 부모는 종종 이 점을 잊어버립니다. 특히 영민한 첫째 아이들이 손해를 볼 때가 많습니다. 산만한 아이라고 예외는 아닙니다. 영민한 아이가 산만하고 충동적인 행동을 하면 부모는 더더욱 아이의 행동을 이해하지 못하고 "너, 다 알면서 그러는 거지?", "일부러 그러는 거지?"라면서 아이를 채근합니다. 그러나 아무리 아이가 똑똑해도 자신의 연령을 훌쩍 뛰어넘지는 못합니다. 또, 연령에 맞는 방법을 적용해야 아이와 부모 모두 상처받지 않고 산만한 행동을 바로잡을 수 있게 됩니다.

세 살 된 철수는 또래에 비해 유난히 움직임이 많아요. 앉아서 하는 놀이에는 거의 관심이 없고 계속 밖에만 나가려고 합니다. 집에서도 소파를 타넘고 다니고, 매달리고 쿵쿵 뛰어내립니다. 가만히 앉아 있는 것을 너무 힘들어해요.

보통 만 4세까지는 '주의산만하다'라는 진단을 내리기 어렵습니다. 그러므로 이 시기에는 산만하다는 말보다는 '활동량이 많다'는 표현이 더 적절하지요.

아이들은 이렇게 몸을 끊임없이 움직이고 활동하면서 다양한 발달이 촉진되지만 때로는 앉아서 하는 활동도 집중할 수 있어야 균형 있는 발달을 이룰 수 있습니다. 그러므로 이 시기에 앉아서 집중할 수 있게 연습시키고 싶다면 아이가 관심을 가질 만한 활동을 제시해주어야 합니다. 예를 들어 통에 끼우면 소리가 나는 퍼즐, 색깔 찰흙 놀이, 위에서 아래로 구슬이 굴러 떨어지는 장난감 등 간단한 인과관계를 보여주는 동시에 소리 및 시각적인 자극을 줄 수 있는 장난감을 준비해보기 바랍니다. 이런 것은 주방에서도 찾을 수 있고, 집에 있는 여러 도구를 활용해볼 수도 있습니다.

아이의 특성을 고려하여 앉아서 집중할 수 있는 활동을 고루 제공해주면 활동적인 것과 정적으로 앉아서 하는 활동의 균형을 조금씩 맞춰갈 수 있습니다.

초등학교에 입학하기 전의 아이에게도 인생의 목표가 있습니다. 모든 아이들이 갖고 있는 심리적 욕구인데 이것을 보통 '발달 욕구' 또는 '발달 과업'이라고 말합니다. 이런 발달 과업은 모든 아이들이 다 가지고 있는 건강한 욕구입니다.

초등학교 입학을 앞둔 아이는 '경험은 나의 힘'이라는 욕구를 가지고 있습니다. 즉, 이 시기에는 자기 스스로의 다양한 경험을 통해 심리적, 인지적, 신체적인 성장을 이뤄가는 것입니다. 이런 발달 욕구를 가지고 있으니 산만한 아이는 더욱 산만하고 충동적으로 보일 수 있는 것이지요. 우리는 이런 아이의 발달 욕구를 잘 이해하고 활용해야 합니다.

- 작은 성공 경험 속에 자신감이 싹틉니다. 스스로 할 수 있는 경험을 많이 제공해주세요.
- 지시는 간단하고 분명하게 하세요.
- 신체 놀이를 통해 조절 능력을 키워주세요.
- '좋다', '나쁘다'라고만 아이의 행동을 판단하지 마세요. '이유가 있겠지'라고 생각하고 전후 상황을 조금만 살펴보면 아이가

그렇게 행동한 이유를 알 수 있습니다. 먼저 행동의 이유를 공감해준 다음 훈육을 시도하세요.

- 아이의 긍정적인 행동에 초점을 맞추어 격려해주세요.
- 어떤 행동 후 즉각적으로 반응해주세요.
- 구체적인 결과를 제공해주세요. "그거 하면 엄마가 선물 줄게"라는 것보다는 "지금 숙제를 하면 끝나고 엄마랑 ○○○ 게임 20분 동안 하자"라고 아이가 받을 보상에 대해 구체적으로 제시해주세요.

경험 속에 싹트는 자신감

초등학교에 입학하면 아이의 인생 목표가 달라집니다. 이때 아이는 '열심히 공부해서 훌륭한 사람이 되자'는 결심을 하게 됩니다. 부모가 아이를 들들 볶지 않아도 아이는 열심히 배우고 익혀 미래에 훌륭한 사람이 되려는 건강한 욕구를 이미 가지고 있는 것입니다. 내 아이에게 이런 건강한 욕구가 있다는 것을 조금만 믿어주어도 아이는 더 건강하게 자랄 수 있습니다.

그러나 산만한 아이는 이런 욕구가 있다는 것을 믿기 어려울 때가 많습니다. 툭하면 물건을 잃어버리고, 글씨체도 엉망이고, 알림장도 제대로 안 적어오고, 암기하는 것을 너무 싫어하고, 계속 계산 실수를 합니다. 그러다 보니 상담하러 온 어머니 중에서는 아이가 조금만 글씨를 못 쓰면 그 자리에서 박박 지우고 다시 쓰게 하거나, 문제를 대충 풀어서 틀리면 문제지를 아이 앞에서 쫙쫙 찢어버리는 분도 있었습니다. 그러고는 아이에게 미안해서 뒤늦게 후회하는 것이지요.

이런 아이를 어떻게 지도해야 하는지는 4장 '산만한 아이에게 꼭 맞는 학습법 찾기'에서 구체적으로 자세히 설명하겠습니다. 여기서 먼저 하나만 당부하자면 글씨체에 목숨 걸지 말기 바랍니다. 주의산만한 아이는 정말 강하게 의식할 때에만 글씨를 잘 씁니다. 이 아이에게 간단한 그림 검사를 실시할 때도 보면 너무 꾹꾹 눌러서 그림을 그리다 보니 조금만 그려도 팔이 아프다고 합니다. 이렇게 열심히 그림에도 불구하고 그림의 질은 연령에 비해 떨어지는 경우가 많습니다.

이때 아이의 입장을 한번 생각해봅시다. 팔이 떨어져라 열심히 글씨를 쓰고 그림을 그렸는데 자기가 봐도 형편없으면 아이가 느끼는 좌절감은 얼마나 크겠습니까? 이런 좌절감이 반복되면 아이는 어차피 잘 못하니까 에너지를 덜 쓰고 '내가 대충해서 그래'라고 피해나갈 마음의 통로를 만들게 됩니다.

아이 입장을 한 번만 더 고려한다면 호통치고 문제집을 찢는 과격한 행동은 줄어들지 않을까요? 공포 분위기에서 아이가 무슨 공부를 할 수 있겠습니까? 부모의 따뜻하고 정확한 이해는 어설픈 위로나 과장된 칭찬보다 훨씬 더 아이를 건강하게 성장시킵니다.

그럼 학령기 자녀를 어떻게 훈육하면 될까요? 아래와 같은 방법을 활용해 보세요.

- 글씨체나 그림의 완성도 때문에 아이를 나무라지 마세요. 소근육 발달이 늦은 아이는 글씨를 쓰거나 그림을 그리는 것에 어려움을 느끼곤 합니다.
- 공부할 때 목표 단위를 잘게 쪼개주면 아이의 성취감을 높일

수 있습니다. 문제집을 한 페이지 풀어야 한다면 3문제씩 나눠서 하도록 하거나, 5분 동안 집중해서 푸는 식으로 목표를 세세하게 나눠주고 아이가 이를 해내면 듬뿍 칭찬해주세요.

- 해야 할 일을 그림이나 글씨로 만들어 보여주는 것이 아이에게 더 잘 전달되고 엄마의 잔소리를 줄일 수 있습니다.
- 반복 학습으로 성공을 경험하게 되면 새로운 것에 도전하는 용기와 꾸준히 하려는 근면성이 자라납니다.
- 주의집중, 듣기, 대인관계 등 학교생활을 하는 데 도움이 되는 기술을 구체적으로 가르쳐주세요.

글씨 좀 못쓰면 어때

✪ 발달 시기별 훈육 방법 ✪

	발달 욕구	훈육 방법
학령전기	경험은 나의 힘	성공을 경험할 수 있게 기회를 제공한다.
		지시는 간단하고 분명하게 한다.
		아빠와 하는 신체 놀이로 자기 조절 능력과 EQ를 높인다.
		좋다, 나쁘다의 도덕적인 기준으로 아이의 행동을 판단하지 않아야 한다.
		아이의 긍정적인 행동에 초점을 맞추어 칭찬하고, 칭찬받을 일을 만들어준다.
		즉각적인 반응을 보인다.
		구체적인 보상을 제공한다.
학령기	열심히 공부해서 훌륭한 사람이 되자.	반복 학습 속에 근면성이 싹튼다.
		글씨체에 목숨 걸지 않는다.
		행동 및 목표의 단위를 잘게 쪼갠다.
		해야 할 일을 그림이나 글씨로 만들어 보여준다.
		주의집중 훈련, 듣기 기술 훈련, 사회 기술 훈련 등 사회생활에 도움이 되는 구체적인 기술을 가르친다.

04

산만한 아이 증상별 맞춤 대응법

주의산만하다고 해서 모든 아이들이 똑같은 증상을 보이는 것은 아닙니다. 어떤 아이에게는 충동적인 모습이, 어떤 아이에게는 부주의한 모습이 더 많이 나타나는데 유아기, 아동기에는 이 두 가지 증상이 복합적으로 나타나는 아이가 많습니다. 아이가 어릴 때부터 위험한 장난을 해서 사고가 나거나 돌출 행동을 해서 당황스럽고 진땀이 날 때가 많을 것입니다.

아무리 침착한 부모라도 주의산만한 아이를 키울 때는 분노의 블랙홀로 빠지기 쉬운데 아이 성향을 파악하고, 적절한 환경을 조성해 주며 기본적인 대응 방법을 기억한다면 부모 역할에 대한 자신감을 회복할 수 있습니다.

1 대응 전 알아야 할 기본 지침

가장 먼저 아이가 혼날 만한 상황에 빠지지 않도록 최대한 환경을 조정해주는 것이 필요합니다.

◆ 공부방 꾸미기는 이렇게

방안에 장난감이 한가득 있고, 벽지도 캐릭터로 정신없고, 학습만화가 잔뜩 꽂혀 있으면 아이가 그 방에서 공부에 집중하기 어렵습니다. 바퀴 달린 의자를 두면 아이는 조금만 지루해지면 의자를 굴리며 놀게 됩니다.

산만한 아이를 위한 공부방 환경

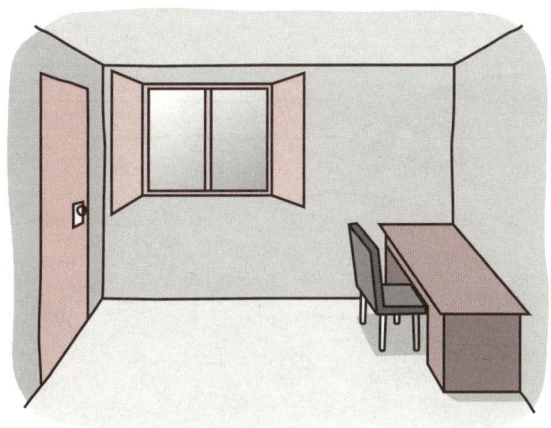

아이가 집중해서 책도 읽고 공부도 하게 하려면 방을 최대한 단순하게 꾸며야 합니다. 장난감도 상자 안에 넣어서 눈에 보이지 않게 해야 합니다. 가급적이면 다른 방에 놓는 것이 더 좋습니다. 책장을 아이 의자 뒤편에 놓아서 아이 시야에서 보이지 않게 하는 것도 한 방법입니다.

🔴 산만한 아이와 외출할 때

산만하고 활동량이 많은 아이와 고급 레스토랑에 간 경우 한번쯤은 집으로 돌아오면서 '내가 다시는 얘랑 이런 곳에 오나 봐라'라고 화를 낸 기억이 있을 것입니다. 아이가 아직 산만하고 조절 능력을

산만한 아이에게 좋은 환경

키우지 못했을 때는 가족끼리 외식을 하거나 모임을 할 때 고급 레스토랑보다 놀이방을 갖춘 음식점을 이용할 것을 권합니다.

부모는 다양한 경험을 시켜주기 위해 미술관, 박물관에 데려가고 싶어합니다. 하지만 대부분의 산만한 아이는 동선대로 움직여야 하고 조용해야 하는 실내 공간을 좋아하지 않습니다. 차라리 아이가 직접 만지고 체험할 수 있는 곳이나 산이나 바다 같은 야외로 가는 것이 더 좋습니다.

🔶 생활 속 기본 대응법

일반적으로 산만하고 충동적인 아이를 키울 때 다음의 사항을 꼭 기억하세요.

평소 말할 때

산만한 아이에게 길게 이야기하는 것은 '너는 딴 생각 마음껏 해라'라는 것과 다를 바 없습니다. 그러므로 아이에게 뭔가를 지시하거나 훈육할 때에는 간단명료하게 이야기하는 것이 필요합니다.

지시를 할 때

산만한 아이에게 뭔가를 지시할 때 두루뭉술하게 이야기하면 아이는 이것을 잘 알아듣고 실행하기 어렵습니다. "장난감 치워라"라고 말하기보다는 "이 자동차를 저 상자 안에 넣어"라고 구체적으로 말해주세요.

아이와 대화할 때

산만한 아이는 작은 외부 자극에도 금세 반응하는 경향이 있습니다. 그러므로 아이 눈을 쳐다보면서 이야기하여 다른 곳으로 주의가 전환되지 않도록 해야 합니다.

피드백 할 때

만일 아이가 어떤 행동을 잘했거나 못해서 이에 대해 말해야 할 때, 그것을 다 쌓아두었다가 그날 밤에 이야기하면 아이는 이미 그 행동을 기억하지 못할 가능성이 높습니다. 그러므로 칭찬하거나 훈육을 할 일이 있으면 그 즉시 하는 것이 좋습니다. 단, 이때에도 간단하게 말하도록 연습하세요.

아이가 부적절하게 행동할 때

박수치기, 손등 가볍게 두드리기, 어깨 가볍게 두드리기, '어', '잠깐'과 같은 간단한 신호도 아이의 주의를 돌리는 데 도움이 됩니다. 일단 주의력이 흩어지거나 너무 몰입해서 다른 활동으로 쉽게 전환되지 않는 상황에서는 빨리 아이의 관심사를 돌리는 것이 필요합니다. 그래야만 훈육이나 대화가 가능해집니다. 그러므로 아이의 관심을 전환시킬 수 있는 자신만의 방법을 찾아보세요.

사소한 문제 행동은 무시하기

산만한 아이의 모든 행동을 다 지적하려면 하루가 모자랍니다. 이렇게 모든 행동을 낱낱이 지적하다 보면 부모 자녀 관계는 악화되고, 아이의 자존감은 바닥으로 곤두박질치게 됩니다. 그러므로 사소한 문제 행동은 무시하세요.

긍정적인 행동이 보일 때

조금이라도 노력하는 모습이나 발전된 행동을 보이면 결과보다는 노력하는 과정에 대해 충분히 격려해주세요. "어제는 5분 동안 앉아 있었는데 오늘은 10분이나 앉아서 문제집을 풀고 있네. 기특하다" 등과 같이 조금이라도 발전된 모습이나 노력하고 있는 태도를 놓치지 말고 포착해서 이 과정에 대해 칭찬해주기 바랍니다. 아이의 산만한 행동이 점차 줄어가는 것을 경험하게 될 것입니다.

지시할 때는 간단하고 구체적으로

2

대응법 : 말이 많고 장황하게 늘어놓는 아이

> 민희는 여섯 살인데요. 말을 한번 시작하면 멈추지를 않아요. 말
> 하는 내용도 이리저리 튀어서 도대체 무슨 이야기를 하는지 알
> 수가 없어요. 처음에는 잘 들어주려 하다가도 이 말 했다 저 말
> 했다 하니까 도저히 맞장구를 쳐줄 수가 없어요. 그러다 보니 건
> 성으로 대답하게 되고, 그러면 아이는 자기 이야기를 잘 안 듣는
> 다고 삐쳐요.

일반적으로 산만한 아이가 하는 이야기를 듣다 보면 도대체 무슨 이야기를 하고 싶어하는지 이해하기 어려울 때가 많습니다. 머릿속에서 생각이 꼬리에 꼬리를 물어 계속 주제가 바뀌다 보니 대화가 어렵게 되는 것이지요. 처음에는 그저 '아이가 창의성이 넘쳐서 그런가'라고 생각하지만 말을 할 때마다 장황하고 주제가 왔다갔다하면 도대체 어떻게 반응해야 할지 난감한 적이 많았을 것입니다. 이럴 때는 다음과 같은 방법으로 아이의 날아가는 생각을 잘 붙잡아서 정리해주세요.

◆ 일관성 있게 말하게 하는 법

주의산만한 아이와 이야기하다 보면 완전히 다른 이야기로 흘러 가는 경우가 있습니다.

대화 방향 바로잡아주기

아이와 이야기를 하다 보면 대화가 산으로 가는 경우가 많습니다. 이때 엄마는 대화의 맥을 잘 기억하고 놓치지 말아야 합니다. "아까 네가 무슨 이야기를 하려던 것 같은데, 그건 어떻게 된 거니?"라고 본래 내용으로 대화의 방향을 틀어주어야 합니다.

중간에 요약 정리해주기

주의산만한 아이의 이야기를 듣다 보면 내용이 장황해져서 듣는 사람도 말하는 사람도 맥을 놓게 되는 경우가 많습니다. 그러므로 엄마는 잘 듣고 있다가 중간중간에 아이가 한 이야기를 요약 정리해 주세요.

이야기를 확장할 수 있도록 힌트 주기

어떤 이야기를 하다가 말고 다른 이야기로 자꾸 넘어가면 "그래 서? 그 다음은 어떻게 되었는데?"라는 식의 힌트를 주세요. 이런 힌트 를 통해 아이는 한 주제에 대해 좀더 깊게 생각해보게 됩니다.

● 생각을 표현하게 하는 법

아이가 자신의 생각이나 마음을 표현하는 방법으로 놀이는 정말 좋은 통로가 됩니다. 특히 역할놀이나 가상놀이가 좋습니다. 놀이를 함께 하면서 아이가 속마음을 표현할 수 있도록 격려해주세요. 아직 아이가 어릴 때는 간단한 그림을 그려보게 하는 것도 좋은 방법이 될 수 있습니다.

● 상대방과 대화하게 하는 법

산만한 아이는 혼자만 일방적으로 이야기하는 것을 좋아하는데 점차로 상대방과 대화하는 기술을 익히게 하는 것이 필요합니다. 그러므로 평소에 엄마가 동화를 읽어주다가 클라이맥스에서 이야기를 끊고, "그 다음에는 어떻게 될 것 같아?"라고 질문하면 아이가 그 다음 이야기를 연결해서 이야기를 만들어보는 등 서로 이야기를 주고받는 활동을 늘려보기 바랍니다.

● 끊임없이 말하고 질문할 때 멈추게 하는 법

일방적으로 말을 많이 할 때 "잠깐! 지금 너만 계속 말하고 있어. 뭐부터 말하고 싶은지 머릿속으로 생각해볼래?"라고 스스로 생각할 시간을 주세요.

3 대응법 : 충동적이고 과잉행동하는 아이

🔻 해야 할 행동을 하게 하는 법

충동적인 아이는 지시를 많이 내리거나 과제의 양이 많아지면 이를 잘해내지 못합니다. 그러므로 지시도 한두 가지만 하고, "숙제 다 할 때까지 방에서 나오지 마"라고 말하는 것보다는 "10분 동안 이만큼 해라"라고 과제의 양을 세분화시켜 주는 것이 필요합니다.

🔻 말보다 행동으로 보여주는 법

대부분 충동적인 아이는 말보다 행동이 앞서는 경향이 많습니다.

과제의 양을 세분화하기

오늘은 5문제만 풀자.

그러므로 말로만 훈육해서는 행동이 조절되지 않습니다. 아이의 행동을 교정하고 싶다면 말보다 행동으로 보여주는 것이 필요합니다. 예를 들어 물을 따르면서 딴 곳을 본다면 "딴 데 보지 마"라고 말하기보다 아이와 물병을 함께 잡고 따르는 것이 더 효과적입니다.

🔴 흩어진 주의력 집중하게 하는 법

충동적인 아이는 작은 자극에도 주의가 산만해집니다. 그러므로 아이의 주의력이 흩어지는 순간에 '잠깐!' 등의 신호를 보내면 아이는 원래 자신이 하고 있던 것으로 주의를 집중할 수 있게 됩니다.

주의력이 흩어졌을 때 신호 보내기

이 유형의 아이는 무엇을 하든 주의를 지속적으로 유지하지 못하는 특징을 보입니다. 아래의 방법을 통해 스스로 주의집중할 수 있게 도와주어야 합니다.

- 행동이 바뀌게 될 때 이전 행동을 상기시킨다.
- 과제나 놀이가 끝나면 사용한 물건을 즉시 치우게 한다.
- 부모가 말을 많이 하면 아이를 더욱 산만하게 만들 수 있다. 다소 천천히, 낮은 톤으로, 간결하게 의사 전달을 한다.
- 과제를 할 때 처음에는 좋아하는 것부터 시작해서 별로 관심이 없는 것으로, 쉬운 것에서 어려운 것으로 배정해서 성공을 보다 많이 경험할 수 있도록 해준다.
- 시작은 부모와 함께, 마무리는 아이가 할 수 있도록 한다.
- 집중하고 있을 때 격려하고 보상을 준다. 이때 보상은 물질적인 것이 아닌 머리 쓰다듬기, 미소 짓기, 볼에 뽀뽀해주기, 같이 게임해주기 같은 것들이 바람직하다.
- 여러 가지 게임들, 그림에서 빠진 부분 찾기, 틀린 그림 찾기, 문장에서 틀린 말 찾기, 순서 맞추기 등이 도움이 될 수 있다.

5 ▶ 대응법 : 상황 파악을 어려워하는 아이

일반적으로 산만한 아이는 충동적이고 부주의한 것 외에도 허풍을 떨거나 타인의 감정에 대해 공감하기 어려워하고 상황 파악 능력이 떨어지는 등 여러 행동 특징을 보입니다. 부모가 이런 특징을 잘 이해하지 못하면 "거짓말하지 마", "너는 같이 TV 보면서 왜 이해를 못하니?"라는 식으로 책망을 하게 됩니다.

거듭 강조하는 것이지만 아이가 일부러, 혹은 도덕성에 문제가 있어서 이런 행동을 하는 것은 아닙니다. 그저 잘 안 되는 것일 뿐입니다. 그러므로 "그만큼 잘하고 싶었다는 거지?", "왜 그런지 이해하기 어렵지?" 등의 반응을 보여주는 것이 필요합니다.

또한 상황 파악이나 전후 맥락 파악을 어려워하는 아이에게는 간단한 동화, 짧은 애니메이션 등을 함께 보고 그 내용이나 전후 상황에 대해 함께 이야기를 나눠봄으로써 이런 부족한 부분을 훈련시키는 것도 필요합니다.

● 아이 스스로 노력하게 하는 법

지난번 상담에서 선생님께서 아이의 장점을 찾아보라고 하셔셔 일주일 내내 아이의 좋은 점을 찾으려고 정말 애를 썼어요. 그런데 …… 없네요. 눈 씻고 찾아보려고 해도 없어요.

어릴 때부터 산만한 아이를 키우느라 고생한 부모에게 아이의 장점에 대해 찾아보라고 하면 위의 어머니처럼 말합니다. 그러나 이 세상에 좋은 점이 하나도 없는 사람은 단 한 명도 없습니다. 나쁜 점을 하나도 가지고 있지 않은 사람 또한 없습니다.

그러나 이렇게 아이의 장점을 못 찾겠다고 하는 어머니는 아이의 산만함 때문에 너무 지쳐서 아이에게 화가 많이 나 있다 보니 아이의 장점을 찾고 싶지 않은 경우가 많습니다. 하지만 부모가 아이의 장점을 발견해주는 만큼 아이도 자신에 대해 긍정적으로 평가하고 용기를 내서 노력할 수 있게 됩니다.

⭐ **일반적으로 산만한 아이에게는 다음과 같은 장점이 있습니다. 나머지 빈칸에 내 아이의 장점을 적어보세요.**

- 유머 감각이 있어서 함께 이야기하면 즐겁다.
- 나쁜 의도를 가지고 다른 사람을 괴롭히지 않고 마음씨가 곱다.
- 호기심과 탐구심이 많다.
- 상상력이 풍부하다.
- 에너지가 많다.
- 일단 하고 싶은 마음이 들면 빨리 잘해낸다.
- _____
- _____
- _____
- _____
- _____

05

문제행동을 바로잡는 놀이

아이가 어릴수록 아이에게 쉽게 접근할 수 있는 것이 바로 놀이입니다. 부모가 아이와 놀이만 잘해주어도 아이의 문제 행동은 많이 줄어들게 됩니다. 이것은 산만한 아이에게도 동일하게 적용됩니다. 그러나 이렇게 놀아주는 시간을 많이 갖는다 해서 산만한 행동이 완전히 없어지는 것은 절대 아닙니다. 단지 놀이를 통해 자신의 행동을 조절할 수 있도록 도와주는 것입니다. 그러다 보면 산만한 행동도 조금씩 줄어들게 되는 것이지요.

1 과도한 흥분을 가라앉히는 놀이

주의산만한 아이가 과도하게 흥분했을 때는 아래와 같은 활동이 도움이 됩니다.

- 빨대를 이용하여 마시기
- 껌이나 젤리 등 꼭꼭 씹어먹을 수 있는 간식 먹기
- 깊고 천천히 호흡하기, 불기(풍선 불기, 촛불 끄기, 비눗방울 불기 등)
- 가슴이 압박되도록 꼭 안아주기
- 쿠션 위에 드러눕거나 끌어안기
- 무거운 담요 덮기
- 샌드위치나 김밥놀이(이불이나 쿠션 사이에 들어가기, 이불로 말아주기)
- 짐볼에 앉아서 천천히 위아래로 움직이기
- 짐볼 위에 엎드려서 천천히 앞뒤로 움직이기

천천히 심호흡을 하며 안정감을 느끼게 하는 활동들로, 아이는 놀이처럼 즐겁게 받아들입니다.

🔴 갑자기 충동적인 행동을 할 때

산만한 아이는 놀이를 하다가 갑자기 충동적인 행동을 해서 부모를 당황하게 만드는 경우가 많습니다. 특히 신체놀이를 할 때 아빠를 들이받거나 물어서 아빠에게 혼나고 울고불고하는 일들이 자주 발생하지요. 엄마 머리를 자기 머리로 들이받거나 장난감을 부서질 정도로 세게 내리치는 경우도 생기게 됩니다.

그러나 이때 어떤 제동도 걸지 않거나 반대로 너무 엄격하게 혼을 내면 아이는 자신의 행동이 조절되지 않는 것에 불안감이나 수치심을 경험할 수 있습니다. 그러므로 이때 재빨리 아이 손등을 잡고 "잠깐!"이라고 단호하고 낮은 목소리로 말해주어서 흥분 상태를 끊어주는 것이 필요합니다.

이때 절대 길게 설명하려 하지 마세요. 아이는 듣고 있지 않으니까요. 빨리! 짧게! 단호하게! 이 원칙을 잊지 마세요.

2 정서 조절을 돕는 놀이

여러 가지 놀이 방법을 통해 아이의 정서를 조절해줄 수 있습니다. 자신의 감정을 비난받지 않으면서 안전하게 표현할 수 있을 때 아이는 점점 자신의 감정을 잘 조절해나갈 수 있게 됩니다. 여기에 몇 가지 방법을 소개합니다.

● 다트 던지기

가. 화이트보드에 과녁을 그리고 다트를 던지게 한다.

나. 처음에 엄마가 다트를 던지면서 "나는 ○ ○ ○ ○ ○(아이의 행동, 엄마의 감정 등)가 제일 싫어"라고 말한다.

다. 다음에 아이가 똑같은 방법으로 다트를 던진다.

라. 더 점수가 높은 사람이 이긴다.

● 감정 단어 차트 만들기

가. 화이트보드에 여러 가지 감정을 적어 넣는다.

나. 엄마가 먼저 다트를 던진 후, 다트가 꽂혀 있는 감정 단어를 보고 언제 이런 느낌이 들었는지 이야기한다.

다. 아이도 동일한 방법으로 이야기를 나눈다.

감정 표현하기 놀이

3

긴장 풀고 스트레스 조절하는 놀이

산만한 아이는 자기 행동을 스스로 통제하지 못하는 것과 주변에서 오는 부정적인 피드백으로 이중고를 겪게 됩니다. 그러다 보니 이래저래 긴장감이 높아지게 되지요. 이때 심호흡을 길게 한다든지 스트레칭을 하는 방법을 통해 아이의 긴장감을 풀어주는 것이 도움이 됩니다. 아이가 이완되어 편안해지면 산만한 행동이 줄어들 수 있습니다.

🔴 비눗방울 불기

가. 처음에는 비눗방울을 마음껏 불게 한다.

나. 비눗방울을 크게 부는 사람이 이기는 것으로 게임 규칙을 정한다.

다. 천천히 호흡을 조절해야만 비눗방울을 크게 만들 수 있다는 것을 알게 한다.

🔴 스트레칭하기

몸의 긴장을 풀 수 있도록 간단한 스트레칭을 가르쳐준다.

🔴 마사지해주기

긴장감을 풀기 위해서는 마사지도 도움이 됩니다. 이때 가벼운 터치도 좋지만 엄마가 아이의 가슴 부분을 지긋이 깊게 눌러주거나 두꺼운 이불을 덮게 한 다음 그 위에서 꾹꾹 마사지해주면 아이는 좀 더 편안하게 긴장을 풀 수 있게 됩니다.

4 ▸ 조절 능력을 키워주는 놀이

다양한 보드게임이 아이의 조절 능력을 향상시키는 데 도움이 될 수 있습니다. 아이가 어릴 때는 신체 놀이로, 초등학교 이상이 되면 보드게임으로 자기 조절 능력을 키울 수 있습니다. 규칙을 따르고 전략을 사용하는 방법을 놀이를 통해 연습시키는 것은 조절 능력을 키우는 데 큰 도움이 됩니다. 어떤 보드게임도 좋습니다. 단, 아이가 좋아하는 것이어야 합니다. 또한 게임을 하면서 학습도 시키려는 일석이조 효과를 거두려는 욕심은 버리기 바랍니다. 그저 아이와 즐겁게 규칙을 지키면서 다양한 전략을 사용하게 하는 것만으로도 조절 능력을 키우는 데 큰 효과가 있습니다.

이렇게 집에서 여러 가지 방법을 통해 노력해보아도 여전히 집안과 유치원, 학교에서 아이의 행동이 수정되지 않고 지적받는 일이 많다면 그때에는 가까운 소아정신과나 상담 센터를 방문하기 바랍니다. 적절한 진단과 치료는 아이의 문제를 해결할 수 있는 가장 빠른 길이 될 수 있습니다.

PART IV

산만한
아이에게
꼭 맞는
공부법 찾기

주의산만한 아이의 특성을 이해하고

이를 이용해서 공부나 숙제를 할 수 있게

돕겠다는 마음가짐을 가져야 한다.

숙제 정말 잘 하네!

유현이는 워낙 활동적이어서 작년까지는 체육 활동 위주로 학원을 다녔어요. 그런데 2학년이 되어보니 친구들은 모두 학원에 다니거나 집에서 학습지를 풀고 있더라고요. 아차 싶어서 두 달 전부터 수학 학습지를 하루에 두 장씩 풀게 했어요. 10분이면 끝낼 수 있는 양인데도 계속 꼼지락거리고 옆에 있는 저한테 자꾸 말을 시켜서 기본적으로 한 시간 이상 걸립니다. 빨리 하라고 혼내면 자기는 공부를 오래 해서 힘들고 놀 시간도 없다며 울먹거려요. 제가 옆에 있는 게 문제인 것 같아 방에서 혼자 풀게 두면 그림을 그리거나 다른 책을 읽고 있습니다. 양이 많다고 해서 한 장으로 줄여줘도 똑같아요. 혼내도 그때뿐이고, 달래주면 계속 칭얼거려서 결국 "오늘은 하지 말자"라는 말을 듣게 만들고요.

벌써부터 이렇게 하기 싫어하는데 나중에 학년이 올라가서 양도 많아지고 내용이 어려워지면 어떻게 공부를 시킬지 걱정입니다. 이러다가 학습 부진아가 될까 봐 겁이 나고요. 저와 유현이의 관계도 점점 나빠지는 것 같습니다. 도대체 공부를 어떻게 시켜야 하나요?

주의집중력이 부족한 아이에게 공부를 시키는 것은 절대 쉬운 일이 아닙니다. 달래도 보고 혼내도 보지만 결과적으로는 딴짓을 하거나 책상 앞에 앉아서 낙서하고 있는 아이를 보게 될 뿐입니다. 자신이 해야 할 일을 다 하지도 않았으면서 다 했다고 주장하거나, 얼마 되지도 않는 숙제를 못하겠다고 드러눕는 모습을 보고 있노라면, 얌전하고 공부도 잘하며 부모님 말씀까지 잘 듣는 옆집 아이를 떠올리면서 부러워하는 자신을 발견하게 됩니다.

부러움의 마음을 가진다는 것은 우리 아이와 다른 집 아이를 비교하고 있다는 것이고, 우리 아이에 대해 못마땅한 마음이 있다는 것이겠지요. 많은 부모가 이러한 못마땅함을 마음에만 품고 있지 못하고 아이에게 드러내는 경우가 많습니다. 평소에 못마땅하다고 생각하던 행동을 아이가 하면 이것에 대해 부모가 지적하고 혼내다가 울컥해서 그만 비교하는 말을 하게 되는 것이지요. 결국 자녀와의 관계 악화를 가져오게 됩니다. 그런데 한번 반대로 생각해 보세요. 아이는 과연 자신의 부모를 옆집 부모와 비교 안 할까요? 아이가 생각하는 바람직한 부모의 모습은 어떤 것일까요?

일반적으로 아이는 부모가 자신을 이해해주기를, 자신의 말을 들어주기를, 자신을 칭찬해주기를 바랍니다. 부모 역시 어릴 때 그런 마음을 가지고 있었을 것입니다.

하지만 어렸을 때 집중력이 양호했던 부모는 주의산만한 아이의 상태를 이해하기 매우 어렵다는 문제가 있습니다. 이야기를 들어주고 싶어도 엉뚱한 소리만 하고, 칭찬을 하려고 해도 칭찬할 거리가 없으니 말입니다. 그래도 지금까지 이 책을 읽은 부모는 지금쯤 주의 집중력이 부족한 아이의 상태를 알고 점점 이해가 되고 있을 것입니다. 이제부터는 아이의 말을 들어주고 칭찬해주어야겠다는 생각도 들 것입니다.

이제부터는 이런 마음의 준비가 된 부모가 주의산만한 자녀의 학습을 도울 수 있는 구체적인 방법을 소개하려고 합니다. 앞으로 소개하는 학습 방법들을 잘 적용한다면, 아이는 부모가 자신을 이해하고 있고 자신의 말을 잘 들어주며 자신에게 칭찬을 듬뿍 해주는 바람직한 부모라고 생각할 것입니다.

공부를 방해하는 환경 없애기

부모는 아이가 공부할 수 있는 최적의 환경을 만들어주려고 합니다. 면학 분위기가 조성된 동네로 이사를 가고, 대학 진학률이 높은 학교에 보내려고 노력하며, 높은 성적을 보장해주는 학원을 알아보고, 비싸더라도 인체공학적으로 만들어졌다는 의자와 책상을 구입합니다. 하지만 이런 노력이 아이의 주의집중력을 향상시켜 주지는 않습니다. 주의집중력이 부족한 아이가 가지고 있는 특성을 고려한 환경을 조성해주어야 합니다.

집안 환경 : 방해 요소 제거하기

시우의 부모님은 어린 시절에 책을 많이 읽을수록 상식과 창의력이 발달되고 성적 향상에도 도움이 될 것이라고 생각합니다. 그래서 시우가 어릴 때부터 연령에 맞는 책을 많이 사주었고, 지금도 시우 방의 두 벽면은 책들로 꽉 차 있습니다. 시우는 자동차, 비행기 같은 탈 것들을 좋아해서 이와 관련된 모형이나 장난감을 사 달라고 조르는 편이었습니다. 창의성과 시공간 능력을 키울 수 있겠다는 생각에 부모님은 장난감을 많이 사주었고, 시우의 침대 아래에는 장난감이 정리된 박스가 보관되어 있습니다. 시우가 숙제를 하러 방에 들어갈 때면 엄마는 늘 간식을 준비해서 책상 한편에 놓아줍니다. 나중에 빈 그릇을 치우기 위해 엄마가 시우 방에 들어가 보면 시우는 학습만화를 보느라 정신이 없습니다. 방바닥에 장난감이 널브러져 있고 숙제는 시작도 안 했습니다.

아이가 공부할 때 집중력이 부족하다고 생각한다면 공부하는 환경을 한번 둘러봅시다.

아이는 어디에서 공부를 하고 있나요? 책상에 앉았을 때 바로 눈

앞에 학습만화가 종류별로 꽂혀 있는 것은 아닌가요? 각종 색연필과 사인펜, 연필이 팔만 뻗으면 사용할 수 있게 되어 있나요? 공부하느라 배고플까 봐 엄마가 갖다 준 간식 쟁반이 바로 옆에 있나요? 장난감 박스가 보이는 곳에 앉아 숙제를 하고 있나요? 고개를 들면 거울에 자신의 얼굴이 비치나요? 손을 뻗으면 닿는 곳에 휴대전화가 놓여 있나요? 버튼만 누르면 바로 켜지는 노트북이나 컴퓨터가 돌아앉으면 바로 보이나요?

이와 같은 환경은 누군가에게는 별달리 문제가 되지 않거나 또는 효율적으로 도구를 사용할 수 있는 최적화된 환경일 수도 있습니다. 하지만 주의집중력이 부족한 아이에게는 모두가 학습에 집중하기 어렵게 만드는 요소입니다.

● 왜 10분짜리 숙제가 3시간이나 걸릴까

수하는 오늘의 학습 분량인 수학 학습지 두 장을 풀기 위해 책상 앞에 앉았습니다. 보통의 경우 10분이면 끝날 숙제를 수하는 3시간 동안 했습니다. 다음은 그 과정을 시간별로 자세히 나열한 것입니다.

오후 3시 ▶ 연필을 잡고 문제를 풀려고 보니 다른 연필로 쓰면 더 잘 풀릴 것 같아서 연필을 바꿔봅니다. 다른 연필을 써보니 질감이 모두 다른 것이 재미있어서 한 문제를 풀 때마다 다른 연필을 사용해서 풀기로 합니다.

오후 3시 10분 ▶ 다섯 문제를 5개의 연필로 풀고 나니 배가 고픈 것 같아서 엄마가 두고 간 간식을 먹습니다.

오후 3시 13분 ▶ 혼자 간식을 먹으려니 심심해서 만화책을 보기로 합니다. 간식을 다 먹었지만 책을 다 못 읽었기 때문에 마저 보기로 합니다.

오후 4시 ▶ 한참을 보고 있는데 밖에서 "숙제 다 했니?"라고 묻는 엄마 목소리에 갑자기 정신을 차리고 다시 숙제를 합니다.

오후 4시 1분 ▶ 여섯 번째의 덧셈 문제 답이 '80'인 것을 보고는, 숫자 '8'과 '0'을 쓰면서 생긴 동그라미 안에 색칠을 해봅니다.

오후 4시 5분 ▶ 연필로만 색칠을 하니 밋밋해 보여서 색연필을 들고 숫자 중 동그라미 모양 안에 다양한 색으로 색칠을 해봅니다.

오후 4시 10분 ▶ 색연필을 든 김에 무지개를 그려보기로 합니다. 마침 얼마 전에 무지개가 어떤 색으로 이루어졌는지 배웠기 때문에 정확하게 그릴 수 있다는 자신감도 있습니다.

오후 4시 20분 ▶ 무지개 옆에 '수하'라고 이름도 써줍니다. 친구들도 그려줍니다.

오후 4시 50분 ▶ 아이의 모습을 그리고 보니 수하가 가지고 있는 조립 장난감에 있는 사람 모형과 비슷한 모습입니다. 그래서 조립 장난감에서 그 모형을 찾아보기로 합니다.

오후 4시 55분 ▶ 사람 모형을 찾던 중 조립이 덜 된 장난감 버스를 발견합니다. 그 버스를 마저 완성하고 그 안에 사람 모형을 태우기로 합니다. 방에 들어온 엄마가 한숨을 쉬더니 나갑니다.

오후 5시 30분 ▶ 조립에 열중하다 보니 온몸이 뻐근한 것 같아서 기지개를 쭉 펴봅니다. 기지개를 펴다 보니 시

계가 눈에 들어옵니다. 수하가 좋아하는 TV만
화를 하는 시간입니다. 얼른 거실로 나가 TV를
켭니다.

오후 5시 31분 ▶ TV를 켜는 순간 엄마가 "너 문제 다 풀었니?"라
고 묻습니다. "아니오 ……"라고 기어들어가는
목소리로 대답하자 엄마가 "다 못 끝냈면 TV 못
본다"라고 단호하게 말하면서 TV를 꺼버립니다.

오후 5시 35분 ▶ 풀이 죽어서 방으로 돌아가려는 순간, 소파 위
에 뒹굴고 있는 엄마의 휴대전화를 발견합니다.
엄마가 안 볼 때 잽싸게 가지고 방에 들어와서
게임을 시작합니다.

오후 6시 ▶ 전화가 울리는 바람에 엄마에게 들킵니다. 통화
를 끝낸 엄마한테 한바탕 잔소리를 듣습니다.

오후 6시 10분 ▶ 엄마의 감독하에 오늘 할 분량을 10분 만에 다
풀어냅니다.

3시간째 숙제하는 중

🔴 아이가 학습에 집중하지 못하는 이유

Q 시우와 수하는 왜 할 일을 하지 않고 이런 행동을 보이는 걸까요?

A 현재 즉각적으로 누릴 수 있는 만족감을 나중으로 미루지 못하기 때문입니다.

부모들은 다음과 같은 말을 자주 합니다.

"먼저 놀고 나중에 숙제하나 먼저 숙제하고 나중에 노나 어차피 숙제는 해야 되는데, 왜 꼭 먼저 놀고 나중에 졸릴 때 징징거리면서 숙제를 하는지 모르겠어요."

"나 같으면 해야 할 일을 다 한 다음에 마음 편하게 놀 텐데 우리 아이는 왜 저러는지 모르겠어요."

주의산만한 아이에게 '먼저 노는 것'은 지금 당장의 즐거움을 선택한다는 것이고, '먼저 숙제하는 것'은 지금 당장의 즐거움을 포기한다는 것입니다. "먼저 숙제하면 지금 당장은 즐겁지 않더라도 나중에 즐거울 수 있지 않나요?"라고 반문하고 싶지요? 하지만 주의산만한 아이에게 있어 즐거움을 '나중'으로 미룬다는 것은 매우 어려운 일입니다. 뿐만 아니라 '먼저 숙제하는 것'을 선택하게 되면 나중에 확실히 놀 수 있을지도 불분명합니다. 이제까지 아이가 경험한 것에 의하면 숙제는 항상 오래 걸렸기 때문입니다.

10분 짜리 숙제를 3시간 동안 한 수하의 예를 생각해보세요. 수하가 생각하는 숙제 시간은 처음 문제를 풀기 위해 앉은 3시부터 엄마의 휴대전화로 게임을 하다 걸려서 엄마의 감독하에 억지로 문제를 다 푼 6시 10분까지입니다. 어른의 관점에서 수하가 문제를 푼 시간은 10분 남짓이지만, 수하의 관점에서는 3시간 넘게 공부를 한 셈입니다. 시간을 계산하는 방법이 다르지요. 아이 관점에서 숙제는 재미없고 항상 시간이 오래 걸리므로 지금 당장 재미있는 일이 눈에 띄면 곧바로 행동으로 옮기게 되는 것입니다.

🔴 숙제에 집중하게 하려면

Q 어떻게 하면 숙제를 먼저 하게 할 수 있을까요?

A 놀 거리가 눈에 안 띄게 해주세요.

부모들은 다음과 같은 말을 자주 합니다.

"아이에게 숙제 먼저 한 다음에 놀라고 여러 번 말했는데 왜 행동이 안 고쳐지는지 모르겠어요."

"숙제를 먼저 하면 TV나 게임 시간을 늘려준다고 해도 이틀 정도밖에 못 가요. 정말 이해를 못하겠어요."

위의 부모의 말을 잘 살펴보면 '아이의 생각과 태도가 바뀌어야한다'고 생각합니다. 동시에 아이를 제외한 다른 환경을 꼭 바꿔야한다고 생각하지 않는 경우가 많습니다. 그러나 아이의 생각과 태도는 그리 쉽게 바뀌지 않는 반면, 주위 환경 중에서는 금방 바꿀 수 있는 것들이 생각보다 많습니다. 만약 아이가 특정한 행동이나 생각, 태도를 갖기를 바란다면 그런 행동이나 생각, 태도를 가질 수 있는 환경을 만들어주세요. 말이나 훈계, 보상을 통해서 바꿀 수 있는 수준에는 한계가 있습니다.

🔶 집 안 환경 어떻게 바꿀까

주의산만한 아이가 숙제를 집중해서 할 수 있는 환경은 놀 거리가 눈에 띄지 않는 단순한 환경입니다. 주변에 즉각적인 만족감을 주는 흥밋거리가 없으면 아이는 숙제를 하게 될 것입니다. 공부하는 환경 주위에 뭔가가 많다면 눈에 띄지 않는 곳으로 정리하여 옮기는 것이 좋습니다.

- 공부하는 책상 위에는 필요한 것 이외에는 아무것도 없도록 치운다. 또한 책상 위치는 고개를 들면 벽만 보이는 곳이 좋다.

- 책이나 연필, 지우개는 필요한 것만 꺼내놓도록 한다. 나머지는 서랍에 넣거나 필통에 넣은 후 눈에 보이지 않는 곳에 둔다.

- 책상에 간식을 함께 두지 않는다. 간식을 먹고 싶어하면 쉬는 시간을 정해서 엄마와 함께 먹도록 한다.

- 공부하는 방 안에 책이나 장난감은 가능한 없는 것이 좋다. 방 안에 이미 책이나 장난감이 많다면 집 안의 어느 한 부분을 단순하게 꾸며 공부하는 곳으로 정한다.

- TV와 컴퓨터가 안 보이는 곳에서 공부하도록 하고, TV 리모컨과 휴대전화도 안 보이는 곳에 잘 넣어둔다. 휴대전화는 벨소리가 나지 않도록 무음으로 바꾸어두거나 벨이나 진동이 울리더라도 아이에게 들리지 않는 곳에 둔다.

- 거실에서 공부를 한다면 거실 탁자 위에 아무것도 없게 하고 TV가 보이지 않는 방향에 앉거나 TV를 보지 못하도록 부모가 감독한다.
- 식탁에서 공부를 한다면 식탁 위에 아무것도 없게 하고 냉장고나 간식이 들어 있는 찬장이 보이지 않는 방향에 앉도록 한다. 그리고 아이가 공부를 할 때는 음식 조리를 하지 않는다.

집 구조상, 그리고 집 안 물건들 때문에 단순한 환경을 만들어주는 것은 쉽지 않을 것입니다. 하지만 현재 주어진 환경에서 자극을 최소화할 수 있도록 노력해야 합니다.

동원이는 학교에 갔다 오면 숙제를 먼저 한 후에 놀기로 엄마와 약속했습니다. 하지만 하교한 후에 바로 방에 들어가는 경우는 거의 없습니다. 혼내기도 하고 달래기도 해서 겨우 방에 들여보내고 나면 10분이 멀다 하고 자꾸 나옵니다. 엄마는 동원이가 방에 들어가서 공부를 해야 동생인 동민이와 놀아줄 수 있는데, 동원이가 자꾸 방에서 나와 동생을 봐주기 어려울 때가 많습니다. 아빠는 퇴근하고 돌아오면 식사하고 TV를 보는데, 동원이는 숙제가 남아 있는데도 자꾸 아빠와 함께 TV를 보려고 합니다. 방에 들어가라고 아무리 타일러도 "알겠어"라고 대답만 할 뿐 여전히 TV를 보고 있습니다. 결국 아빠와 뉴스를 다 보고 숙제를 마저 하러 방에 들어가지만 너무 졸려서 그냥 잠들어버립니다.

아이에게 "방에 들어가서 공부해라"라고 말한 후 부모는 다음과 같은 일을 합니다. 아직 어린 동생과 놀아주거나 간식을 먹이기 위해 맛있는 냄새를 풍기는 음식을 만듭니다. 미처 보지 못했던 드라마를 보기도 하고, 오랫동안 만나지 못했던 친구와 통화를 하기도 합니다.

아이가 공부하러 방에 들어가면 방 밖에서 나머지 가족이 무엇을 하든 별로 중요하지 않을 수 있습니다. 방에 들어간 아이는 자신이 해야 할 일을 하면 되니까요.

하지만 주의산만한 아이는 주변의 사소한 자극에 대해서도 쉽게 집중력이 흐트러지는 특성을 가지고 있습니다. 방 밖에서 들리는 소리나 냄새는 아이의 주의를 흐트러뜨리는 좋은 자극이 됩니다. 특히 다른 가족이 자신보다 더 재미있는 것을 한다는 단서를 포착하면 공부에 다시 집중하기는 매우 어렵습니다.

● 집중하지 못하게 하는 집안 분위기

다음은 동원이 같은 아이에게는 무척 방해가 되지만 가족들은 방해가 될 것이라고 충분히 인식하지 못하는 상황입니다.

주방에서 맛있는 냄새가 난다

식사 준비를 위해서, 간식을 만들기 위해서 음식을 안 할 수는 없습니다. 하지만 아이가 방에서 공부를 하고 있다면 그때는 음식을 만들지 않는 것이 좋습니다. 곧 맛있는 음식을 먹을 수 있다는 기대감이 클수록 공부에는 집중하기 어려울 테니까요. 맛있는 음식 냄새가 나면 당장 나와서 물을 것입니다.

"엄마, 뭐 만들어?"

거실에서 나만 빼고 모두 TV를 본다

아이는 방 안에서 공부를 하고 있는데 거실에서 다른 가족이 TV를 시청하는 상황을 생각해보세요. 특히 아빠가 퇴근해서 TV를 보거나 직장에 가지 않는 주말에 자주 벌어지는 상황입니다.

어른 입장에서는 방문을 닫고 있으니 별 상관없을 거라고 생각하고, 때로는 방해가 될 것을 생각해 음량을 줄이기도 합니다. 하지만 주의집중력이 부족한 아이는 밖에서 어떤 소리만 나도 바로 관심을 가지기 시작합니다. 무슨 소리인지 귀를 기울이다가 TV 소리인 것을 알면 누가 보고 있는지, 무슨 프로그램인지, 나는 못 보게 하면서 동생과 함께 보고 있는 것은 아닌지 궁금해집니다. 시간이 흘러도 소리가 계속 들리면 결국 방 밖으로 나가게 됩니다.

"엄마, 지금 뭐 봐?"

나만 빼고 엄마와 동생이 신나게 논다

아이는 방 안에서 공부를 하고 있는데 거실에서 엄마가 동생과 놀아주고 있는 상황을 상상해보세요.

엄마 입장에서는 큰아이 때문에 많이 돌봐주지 못한 동생과 오붓하게 보내기에 좋은 시간이지요. 그러므로 어린 자녀와 둘만 있게 되면 최선을 다해서 놀아주려고 합니다.

동생 입장에서는 엄마가 놀아주는 이 상황이 너무 신나고 즐겁습니다. 엄마랑 하는 놀이가 너무 재미있어서 크게 웃기도 하고, 쿵쿵 뛰기도 합니다.

방에서 공부하고 있는 아이 입장에서는 숙제하는 중에 갑자기 동생의 웃음소리가 들리면 귀를 쫑긋하고 방 밖에서 무슨 일이 일어나는지 추측하기 시작합니다. 모든 에너지를 청각에 쏟아 밖에서 일어나는 일을 탐색하려니 공부에 쏟을 에너지가 남아 있지 않습니다. 그때 엄마와 동생이 요란하게 웃는 소리가 나면 더 이상 앉아 있지 못하고 방 밖으로 뛰어 나가게 됩니다.

"엄마, 동민이랑 왜 웃었어?"

엄마, 나만 빼고 뭐 해?

나 빼고 가족 모두가 즐겁게 이야기한다

공부하는 데 방해가 될까 봐 공부 방과 멀리 떨어진 식탁에서 부모가 함께 앉아 과일을 먹으며 담소를 나누는 장면을 생각해보세요. 물론 공부 방에도 과일 한 접시를 넣어주었습니다. 시끄럽게 하지 않으려고 부모는 조용조용 낮은 소리로 이야기하고 있습니다.

마침 과일을 더 달라고 하려던 아이는 그 모습을 보고 쪼르르 달려와서 말합니다.

"엄마, 지금 아빠랑 무슨 얘기해?"

엄마가 통화하는 소리가 들린다

공공장소에서 누군가 큰소리로 이야기를 하거나 통화를 하면 시선이 쏠리게 되지요? 무슨 말인지 구별될 정도라면 어떤 내용으로 말하고 있는지도 파악하게 됩니다. 보통 사람도 외부의 큰소리에는 관심을 가지는데, 주의집중력이 부족한 아이라면 엄마가 통화하는 소리가 들릴 때 누구와 무슨 얘기 중인지 관심을 쏟게 됩니다. 방 안에서 귀를 쫑긋하고 있다가 통화 중에 자기 이름이라도 나오면 당장 밖으로 나옵니다.

"엄마, 누구랑 통화해?"

엄마가 내 옆에서 다른 일을 한다

아이가 혼자 공부하면 집중을 못하는 것 같아서 감독을 목적으로 엄마가 맞은편이나 옆에 앉아 있을 때가 많습니다. 초등학교 저학년까지는 부모가 아이 곁에 앉아서 숙제를 봐주는 것도 좋은 방법입니다. 잘 모르거나 어려운 것은 가르쳐줄 수도 있고, 주의가 산만해지면 환기시켜 줄 수도 있기 때문입니다. 하지만 곁에 있는 엄마가 휴대전화를 들여다보고 있거나 동생을 무릎에 앉혀놓고 얼러주고 있다면 이 역시 아이의 집중을 방해하는 행동이 됩니다.

"엄마, 동생이 뭐 했어?"

● 아이는 왜 숙제를 못하는 걸까

Q 산만한 아이는 왜 다른 사람들의 행동에 신경 쓰느라 자신이 해야 할 일을 못하는 걸까요?

A 다른 사람의 행동이 자신이 해야 하는 것보다 재미있어 보이기 때문입니다.

엄마가 거실에서 동생과 노는 것, 가족이 TV 보는 것, 음식을 만드는 것 등은 일반적인 가정에서 흔히 일어나는 일입니다. 하지만 주의산만한 아이가 공부를 해야 하는 상황에 있다면, 위와 같은 상황들은 공부보다 재미있는 일이 되는 것입니다. 아이에게는 지금 당장의 즐거움을 선택하는 것이 더욱 중요하기 때문에 공부에 몰두하기 어렵게 되겠지요.

공부하라고 하면서 다른 가족은 TV를 보는 것은 주의산만한 아이에게 TV를 함께 보자고 유혹하는 행동입니다. "아이는 해야 하는 공부가 있고, 부모는 해야 할 공부가 없으니까 당연히 아이는 TV 보고 싶은 것을 참고 공부해야 되지 않나요?"라고 반문할 수도 있습니다. 하지만 그렇게 참을 수 있다면 그 아이는 절대로 주의산만한 아이가 아닙니다. 오히려 집중력이 뛰어난 아이인 것이지요.

◆ 아이가 숙제하도록 도와주려면

Q 아이가 공부에 집중할 수 있게 하려면 가족은 어떻게 해야 하나요?

A 집 안에 재미있는 일을 하는 사람이 없으면 됩니다.

집 안에 있는 가족이 모두 공부에 버금가는 재미없는 일을 하고 있다면 아이의 주의가 분산될 가능성은 적어지게 됩니다. 모두 각자 공부를 하거나, 엄마가 옆에 앉아서 아이가 공부하는 것을 아무 말 없이 보고만 있다면 아이는 자신도 공부를 해야 한다고 받아들이게 됩니다. 하지만 부모가 옆에서 "글씨 좀 잘 써라, 답이 틀렸다, 좀더 빨리 풀어라"라며 평가적인 태도를 보인다면 같이 앉아 있는 것이 아무런 도움이 되지 않습니다.

동생이 떠들면 조용히 시키면서 분명하게 말해줍니다. "지금 형(언니, 누나, 오빠) 공부 중이니까 떠들면 안 돼. 너는 저쪽에 가서 공부하자."

아주 어린 경우에는 그림책을 쥐어주고 혼자 보는 자세를 취하게 해서 공부하는 것과 유사한 상황을 만들어주는 것이 좋습니다.

때로는 동생의 방해를 받지 않을 시간에 공부하도록 합니다. 예를 들어 동생이 어린이집이나 유치원에서 아직 돌아오지 않았을 때, 혹은 동생이 낮잠을 자거나 저녁에 일찍 잠들게 해서 조용한 시간을 확보할 수도 있습니다.

여기서 기본적인 방침은 주의산만한 아이가 공부를 하겠다고 자리에 앉으면 주변을 조용하게 유지시켜 불필요한 자극을 제공하지 않는 것입니다. 또한 다른 사람과 자신을 비교해볼 때, 다른 사람이 자기보다 더 즐거운 상태에 있다고 생각할 단서를 제공하지 않아야 합니다.

혹시 아이 공부에 방해되지 않게 헤드폰을 끼고 TV를 보거나 휴대전화를 사용하겠다고 생각했다면 다시 생각하기 바랍니다. 아이가 놀고 싶은 마음을 꾹 참고 공부하기를 바라면서 막상 부모는 하고 싶은 것을 다 하고 있다면 훈계의 힘은 사라지고 말 것입니다.

주의산만한 우리 아이가 공부하고 숙제하기를 원한다면 아이에게만 부담을 지우는 것이 아니라 그렇게 할 수 있는 집안 분위기를 만들어주고 적극적으로 도와주기를 권합니다.

부모가 대처하는 방법

성민이 엄마는 성민이에게 공부를 시키는 일이 너무 힘듭니다. 숙제를 시작하기까지 시간이 너무 오래 걸리기 때문입니다. "숙제하자"고 말하면 대답은 잘하지만, 놀고 있던 장난감을 놓지는 않습니다. 계속 숙제를 하자고 달래면 "왜 만날 공부만 하라는 거야", "공부는 너무 힘들어", "엄마는 만날 재미없는 것만 하라고 해"라고 찡얼댑니다. 일단 숙제를 시작하면 별로 막히는 것도 없이 잘하는데 재미가 없다면서 시작조차 안 하려고 하니, 너무 속상합니다.

결국 큰소리로 혼을 내야 자리에 앉아서 숙제를 시작합니다. 10분 정도는 집중해서 문제를 풀지만 10분이 넘어가면 갑자기 배 고프다, 목마르다, 화장실 가고 싶다며 하던 것을 중단해버립니다.

또 문제를 풀 때는 자꾸 실수를 합니다. 숫자나 글자를 잘못 쓰거나 문제를 꼼꼼히 읽지 않아 틀리곤 합니다. 그래서 단원평가에서 100점을 받는 경우가 드뭅니다. 물어보면 다 알고 있는 문제인데 사소한 실수로 틀리는 경우가 많습니다.

때로는 너무 단순한 것을 모르는 경우가 있습니다. 하루는 수학 문제 '1000-18'의 세로셈 식 답란에 '882'라고 써놓았습니다. 왜 답이 882인지를 살펴보니 1의 자리 수와 10의 자리 수가 모두 0이어서 100 자리 수에서 1 빌려오기를 두 번 한 것이었습니다. 예전에 이런 문제를 가르쳐준 적이 있었는데 아이가 제대로 이해하지 못한 것 같아서 더 속상합니다.

주의집중력이 부족한 자녀를 둔 부모는 성민이 엄마와 같은 경험을 많이 합니다. 때로는 아이가 공부를 하기 싫어해서, 때로는 과제를 빨리 끝마치지 않아서, 때로는 실수를 많이 해서, 때로는 공부 내용을 잘 이해하지 못해서 속상해합니다. 그런데 속상해하는 것보다 더욱 문제가 되는 것은 그런 속상한 마음을 자녀에게 꾸지람이나 훈육의 방법으로 표출하는 것입니다.

문제의 근본은 부모가 아이에게 주의집중하기를 바라는 데에서 시작한 것입니다. 하지만 아이는 주의집중을 하지 '않는' 것이 아니라 '못하는' 것임을 꼭 기억해야 합니다. 주의집중에 어려움이 있는 아이에게 자꾸 집중하라고 하는 것은 12개월이 되지 않은 아기에게 "뛰어다녀라"라고 시키는 것과 비슷한 일입니다.

02

공부를 도와주는 부모의 태도

예전에 어느 강의에서 만난 어머니가 아이 때문에 서운했던 일을 토로한 적이 있습니다. 아이가 친구에게 "너희 엄마가 우리 엄마였으면 좋겠어"라고 말하는 것을 들었기 때문입니다. 그런데 그 친구는 "난 너희 엄마가 우리 엄마였으면 좋겠는데? 우리 서로 엄마 바꿀까?"라고 말했다는 것입니다. 그 말을 들은 어머니는 더 서운했다고 합니다. '나도 다른 아이한테는 좋은 엄마인데 왜 우리 아이는 나를 싫어할까?'라고 생각했기 때문입니다.

제가 질문했습니다.

"어머니는 자녀와 자녀의 친구에게 하는 태도가 똑같은가요?"

당연히 아닐 것입니다. 모든 부모들은 자신의 자녀에게 좀더 엄한 태도를 보이게 마련입니다. 자녀는 자신의 부모보다 친구의 부모가 훨씬 더 친절하고 좋다고 생각합니다.

문제는 상황에 따라 부모의 태도가 변할 수 있다는 것을 자녀가 이해하기에는 너무 어리다는 것입니다. 모든 일에 그럴 수는 없지만, 적어도 공부할 때는 자녀의 친구를 대하듯 행동해보세요. 부모는 모두 다른 아이들이 자신의 엄마보다 좋아할 부분을 가지고 있습니다. 그 부분을 내 아이에게도 보여줍시다. 그러면 아이가 엄마와 함께 공부하는 것을 거부하지 않을 것입니다.

주의집중력이 부족한 자녀의 학습을 돕기 위해서는 먼저 부모가 아이만의 특성을 인지하고 고려하는 태도를 가져야 합니다.

엄마는 성민이를 가르쳐보면 이해력이 떨어진다는 생각이 들지 않는데도 성민이가 공부를 어려워하는 것이 속상합니다. 어차피 매일 해야 하는 숙제이고 별로 어려운 것도 아니니까 기분 좋게 했으면 좋겠는데 자꾸 찡얼대니 속상합니다. 꼭 혼내야만 숙제를 시작하는 성민이가 한심하기도 하고 안쓰럽기도 합니다. 공부하는 습관이 아직 들지 않은 것 같아 걱정도 됩니다.

이런 성민이 엄마의 생각은 현실적인지 들여다봅시다.

🔶 현실 : 공부는 재미없다

부모님은 어릴 때 기분 좋게 공부하셨나요? 아마 대부분은 '아니다'라고 답변할 것입니다. 그러면서 "하지만 숙제는 당연히 해야 하는 거라고 생각했어요"라고 말할 것입니다. 우리 아이에게도 동일한 기대를 가지는 것이 현실적입니다. 동시에 부모들이 초등학교를 다닐 때보다 요즘 아이들의 공부 양이나 난이도가 더 높아졌다는 현실적 인식도 해야 합니다.

부모 중에는 사회 생활을 하는 중에도 추가적인 학습을 하는 분도 있습니다. 자기계발을 위해 외국어나 기술을 배우기도 하고, 새로운 분야의 공부를 하는 분도 있을 것입니다. 그런 분들은 새록새록 공부에 재미를 느끼면서 '이런 즐거움을 어릴 때 알았더라면 공부를 더 잘할 수 있었을 텐데'라며 지나간 세월을 후회하다가 내 아이만큼은 이러지 않게 하려고 "공부는 재미있는 거야"라고 말할 수도 있습니다. 하지만 어릴 때의 공부는 재미없다는 것을 인정해야 합니다. 아이도 부모의 연령이 되면 공부가 재미있어질지 모르지만 지금은 아닙니다.

"공부를 재미있어하는 아이도 있잖아요"라고 말하는 부모도 있습니다. 그러나 그런 아이는 극소수입니다. 우리 아이가 그런 극소수에 해당하는 아이가 되리라는 것도 비현실적인 기대입니다.

◆ 현실 : 공부하는 습관을 만들 수 있을까

어떤 부모는 "재미있어하지 않아도 공부 습관이 잘 된 아이도 있어요"라고 말할 수도 있습니다. 물론 얌전하고 부모에게 순응적이면서 산만하지 않은 아이라면 가능합니다. 하지만 충동성이 강한 아이는 공부보다 조금이라도 재미있는 일을 발견하면 즉시 그 일을 해야 하기 때문에 재미도 없는 공부에 습관을 들일 수가 없습니다.

어떤 행동을 습관으로 들이기 위해서는 상당히 오랜 기간 의지를 가지고 반복해야 합니다. 게다가 그 행동으로 인한 긍정적인 효과를 스스로 느껴야 습관으로 정착되기 쉽습니다.

공부하는 습관 역시 오랜 시간 의지를 가지고 공부하는 것을 반복적으로 해야 합니다. 하지만 주의산만한 아이는 오랜 시간 공부하기, 의지를 가지고 공부하기, 반복적으로 공부하기의 경험 자체가 부족합니다. 공부의 긍정적인 효과를 느끼게 하기 위해서 용돈이나 선물, 게임 시간 늘려주기, 칭찬과 같은 보상을 부모가 제공해준 경우가 많았을 것입니다. 하지만 이런 외적 보상을 중단하면 또다시 공부나 숙제를 자발적으로 하지 않는 경우 역시 자주 경험했을 것입니다.

이처럼 외부적인 보상으로는 습관화되는 것이 어렵습니다. 스스로 느끼는 만족감, 성취감, 즐거움, 자신감과 같은 마음이 내적 보상으로 작용해야 공부할 마음이 생기게 됩니다. 다른 방식으로 표현하자면 과제 완수나 성취를 했을 때 그 이유를 자신에게서 찾을 수 있어야 한다는 것입니다.

현실은 어떤지 보겠습니다. 주의산만한 아이에게 공부 습관을 들이기 위해서 그날의 학습 분량을, 일정한 시간에, 책상에 앉혀 시키는 엄마는 아이를 달래고 잔소리하고 참아주고 혼내는 행동을 매일매일 반복하게 됩니다. 그날의 할 일을 마친 아이는 엄마에게 온갖 잔소리를 듣고 완수를 한 것이므로 '내가 이것을 다 해냈다'라고 생각하는 것이 아니라 '엄마에게 혼났기 때문에 다 했다'라고 생각합니다. 다음날 또 학습 분량을 받아들면 '나는 이것을 다 할 수 있다'라고 생각하기보다는 '또 혼나는 시간이다'라고 생각하게 되겠지요. 이런 경우 스스로에게 느끼는 만족감, 성취감, 즐거움, 자신감을 경험할 리 만무합니다. 즉, 공부 습관을 들이지 못하게 됩니다.

그렇다면 부모가 가져야 할 현실적인 기대는 무엇일까요? 그것은 바로 아이는 공부가 재미없을 것이고, 공부하는 습관은 들지 않을 것이라는 기대입니다. 그러므로 아이가 공부하기 위해 책상 앞에 앉는 것은 매우 힘들여서 앉은 것이고, 공부를 할 때는 매우 애써서 하고 있는 것이라고 이해해주십시오. 이런 기대와 이해가 바탕이 된다면 아이가 매우 안타깝고 안쓰러울 것입니다. 적어도 아이를 혼내거나 재촉하는 빈도는 줄어들게 되겠지요.

기대가 과하면 실망도 크고 화가 나게 됩니다. 앞에서 말한 것과 같이 현실적인 기대를 가지면 화를 내는 경우도 줄어듭니다.

일반적으로 자녀가 주의산만하면 부모는 아이의 행동에 예민한 반응을 보입니다. 특히 공부나 학습을 해야 할 때 아이 행동을 미리 예상하고 있다가 공부하기 싫어하는 태도를 보이면 한숨을 쉬거나 화를 꾹 참고 달랩니다. 그래도 아이의 거부 반응이 계속되면 엄한 태도나 큰소리로 혼을 내어 억지로 공부를 시작하게 합니다. 옆에서 숙제를 봐주다가도 사소한 실수를 하거나 같은 실수를 반복하면 답답해하는 모습을 보인 뒤, 전에 실수했던 일까지 전부 들추어내면서 비난하기도 합니다.

부모가 계속해서 이런 행동을 보이면 아이의 기분이 좋을 리 없습니다. 나쁜 기분은 공부에 집중하는 것을 방해합니다. 즉, 공부를 시키려고 한 부모의 행동이 오히려 아이의 집중을 방해하게 되는 결과를 낳는 것입니다. 틀린 것이나 실수에 대해서 지적은 할 수 있지만 비난은 하지 말아야 합니다. 잘 모르는 것에 대해서 알려줄 수는 있지만 모른다고 화를 내지는 말아야 합니다.

화내면 안 된다는 것은 알지만 화를 참기 어렵다고 말하는 부모가 많습니다. 물론 화를 참는 것은 많이 힘든 일입니다. 하지만 아이 앞에서는 화내는 것보다 화를 참는 모습을 보이는 것이 더 낫습니다. 직접적으로 화를 내면 비난의 말이 동반되기 때문입니다.

◆ 절대 하지 말아야 할 말들

부모가 흔히 하는 비난의 말로는 다음과 같은 것들이 있습니다.

> "넌 나이가 몇 살인데 이것도 못하니?"
> "방금 똑같은 걸 풀었잖아. 벌써 다 잊어버렸어?"
> "너는 누굴 닮아서 이렇게 머리가 나쁘니?"
> "나는 너 같은 애 키운 적 없다."
> "넌 어제도 틀리더니 오늘도 틀리니? 몇 번을 가르쳐야 알겠어?"

부모의 입장에서는 이런 말이 훈육, 또는 일종의 충격요법이라고 생각할 것입니다. 때로 너무 심한 말을 했더라도 아이가 금방 잊을 것이라고 기대하기도 합니다. 하지만 아이 입장에서는 자신의 존재 자체가 부정당한 것과 똑같습니다. 자신의 존재가 부정되는 상황에서 아이는 공부고 뭐고 하고 싶지 않을 것입니다.

부모가 화를 꾹 참는 경우도 있습니다. 이미 얼굴은 굳어졌고, 목소리는 엄해졌으며, 한숨을 푹 쉬기도 합니다. 다만 전과는 달리 소리를 지르지 않고 비난의 말도 하지 않습니다. 이 정도여도 아이는 부모가 화났다는 것을 이미 간파하고 있습니다. 하지만 이 정도도 좋은 시작일 수 있습니다. 어쨌든 직접적인 비난은 하지 않았으니까요. 그래도 여기에서 머무르면 안 됩니다. 반드시 그 다음 단계로 발전해가야 합니다.

◆ 화 내지 않고 공부시키는 방법

화가 나는데 어떻게 화를 안 낼 수 있을까요? 화를 참는 것에서 발전한 것이 화가 안 나는 상태입니다. '재미없는' 공부를 '할 수 없이' 해야 하는 아이의 입장을 떠올리면 어느새 화가 누그러질 것입니다. 더구나 산만한 아이인데 공부를 하겠다고 앉아 있는 것을 보면 안쓰러운 마음이 들기도 합니다. 아이에 대한 이해가 깊어질수록 화날 일이 적어질 것입니다.

그래도 화가 난다면 적어도 비난의 말은 하지 말고 소리지르지 않아야 합니다. 감정을 조절한 후 가르쳐주어야 하는 내용이나 지적 사항을 차근차근 말해주세요. 자신이 문제를 틀렸다는 것을 부모가 지적한 순간 당황하고 창피해하겠지만, 혼내지 않는 부모의 침착한 설명에 점차 귀를 기울이게 될 것입니다.

3

아이 말을 경청한 후 해야 할 것

주의산만한 아이는 평소에도 말이 많습니다. 특히 공부나 숙제를 해야 할 때는 안 하기 위해 온갖 핑계를 대기도 하고, 틀린 부분을 지적하면 아니라고 강력히 부정하거나 틀릴 수밖에 없었던 상황에 대해 이해해 달라고 호소하기도 합니다. 때로는 공부와 상관없는 말들을 장황하게 늘어놓기도 합니다. 이럴 때 부모는 아이의 말을 차분히 들어주고, 그럴 만한 부분에 대해서는 수긍해주는 것이 좋습니다.

공부나 숙제를 하다 말고 아이의 말을 들어주기란 쉽지 않습니다. "이거 다 끝내고 말해!", "지금은 떠드는 시간이 아니라 공부하는 시간이야!" 이렇게 혼냈을 수도 있습니다. 하지만 주의산만한 아이는 자기가 좋아하는 것, 재미있어하는 것을 먼저 하지 못하면 이보다 덜 좋아하고 덜 재미있는 일에 몰두하기 어렵습니다. 말을 못하게 막아도 공부나 숙제에 집중하지 못할 가능성이 많다는 것이지요.

그러므로 공부나 숙제를 하다가 갑자기 말을 시작하면 처음에는 5분 정도 시간을 내어 주의 깊게 들어주는 것이 좋습니다. 아이가 5분 이상 말을 하거나, 혹은 말을 그쳤다가 또다른 말을 하기 시작하는 경우에는 제지를 하면서 "나머지 얘기는 숙제 다한 다음에 해아, 그랬구나. 그런데 ......

줄래?"라고 요청해보세요. 아이는 일단 자기가 말하고 싶은 것을 말했다는 만족감을 경험했고, 조금 있다가 부모가 자신의 말을 들어줄 의향이 있다는 것을 확인했으므로 처음부터 말하기를 제지당한 경우보다는 공부나 숙제 상황으로 쉽게 돌아갈 수 있게 됩니다.

● 스스로 공부하게 하는 방법

어른 입장에서 보면 아이의 말은 논리적으로 앞뒤가 맞지 않는 것이 많습니다. 그래서 아이가 하는 말을 무시하는 어른도 있습니다. 아이는 경험이 적고 사고의 폭이 제한되어 있으므로 어른보다 논리력이 부족한 것이 당연합니다. 아이가 말하는 것은 그 제한된 논리력을 최대한 발휘한 것이므로 자기 나름대로는 논리적이고 합리적으로 말하는 것입니다. 그런데 어른이 이해하려는 노력 없이, 그리고 왜 그런 말을 하는지 설명할 기회도 주지 않고 말을 막아버리면 매우 속상할 것입니다. 뿐만 아니라 주의산만한 아이는 자신이 미처 하지 못한 이야기에 대해서 계속 생각하게 마련입니다. 하고 싶은 말을 다 하지 못했으므로 공부보다는 자신의 생각 속에 빠져 있게 될 공산이 큽니다.

하지만 아이의 설명을 잘 들어보면 아이의 지식과 논리 수준에서는 타당한 말도 있습니다. 비록 논리적인 설명은 하지 못해도 제법 창의적인 생각을 해낼 때도 있습니다. 이해가 되는 부분에 대해서는 적극적으로 수긍하고 동의해주세요.

"그렇지! 맞아. 그런 건 언제 다 배운 거야? 잘 알고 있는데?"

"아, 그랬구나. 그런 줄은 엄마가 미처 몰랐네. 알려줘서 고마워. 그렇다면 네 말대로 이렇게 바꾸어보자."

"그래? 그건 몰랐는데? OO가 알려줘서 엄마도 처음 알게 되었어!"

"우와, 그런 생각은 어떻게 한 거야? OO이 생각이 정말 기발한데!"

부모가 자신의 이야기를 들어주고 그에 동의해준다면 아이는 자신이 존중받는다는 느낌을 가지게 될 것입니다. 또한 자신이 중요한 사람이 되었다는 느낌을 가지게 될 것입니다. 자신이 존중받는 중요한 사람인데 공부나 과제를 대충대충 할 수는 없지 않을까요? 아이는 자신이 여전히 존중받는 중요한 사람임을 계속 증명하려고 노력하게 될 것입니다.

　　공부할 때 옆에 있는 것보다 더 중요한 것

　자신이 해야 할 일을 알아서 척척 잘하는 아이도 있습니다. 하지만 주의산만한 아이가 혼자서도 자신이 해야 할 일을 '스스로 알아서', '빠른 시간 안에', '잘' 해내는 것은 매우 드문 일입니다. 특히 해야 할 일이 공부라면 더욱 그렇습니다.

　공부할 때 옆에 어른이 있으면 아이는 잠깐이라도 학습에 집중할 수 있습니다. 무섭기도 하고 눈치도 보이기 때문입니다. 문제는 아이가 잠깐 동안 학습에 집중하는 것에 만족하는 부모는 거의 없다는 것입니다. 적어도 일정 분량을 해낼 때까지는 집중해야 한다고 생각합니다. 엄마가 옆에 있어도 아이는 10분만 지나면 온갖 핑계를 대면서 자리를 뜨려고 합니다. 이때 엄마는 아이가 오랫동안 집중하지 않았다고 생각하고 실망합니다.

　어른이 옆에 있는 것 자체는 아이의 집중을 유도할 수 없습니다. 옆에 있는 어른의 역할은 아이의 학습 과정을 즐겁게 해주는 데 있습니다. 그리고 어른, 즉 부모가 자녀의 학습을 즐겁게 해줄 수 있는 방법 중 으뜸은 단연 '칭찬하기'입니다.

　칭찬은 언제나 좋습니다. 아무리 사소한 것이라도 칭찬을 들으면 기분이 좋습니다. "아무리 찾아봐도 칭찬할 거리가 하나도 없어요"

라고 한심하다는 표정으로 말하는 부모도 있습니다. 그래도 좀더 찾아보아야 합니다. 아이의 행동 하나하나를 분석해서라도 칭찬할 일을 반드시 찾아내주세요.

◆ 즐겁게 공부하도록 하는 칭찬

아이 행동 중에 칭찬 거리를 찾아봅시다.

- 부모가 시켰더라도 일단 공부하겠다고 자리에 앉았으면 칭찬할 일입니다.
  - ➜ "하기 싫을 텐데 꾹 참고 자리에 앉았네. 우리 아들 너무 착하다."
- 자신이 오늘 해야 할 숙제를 알고 있다면 칭찬할 일입니다.
  - ➜ "엄마가 말해주지 않아도 우리 딸이 다 알고 있네? 역시 우리 딸은 성실해."
- 한 문제를 풀었지만 틀리지 않은 것도 칭찬할 일입니다.
  - ➜ "정답이야! 잘했네!"
- 매우 오래 걸렸지만 어쨌든 숙제를 다 마쳤다면 칭찬할 일입니다.
  - ➜ "숙제를 다 했구나. 힘들었을 텐데 수고했다."

이외에도 학용품을 스스로 찾아가지고 온 것, 알아서 전등을 켠 것, 목마른 것을 참고 한 문제를 더 푼 것, 5분(혹은 10분) 동안 과제에 집중한 것, 글씨를 또박또박 쓴 것, 글씨가 엉망이어도 잘 알아본 것, 틀린 것을 수정한 것 등 아주 사소한 일이더라도 긍정적인 행동에 대해서 칭찬해주면 아이는 학습이 재미없는 것이라는 생각을 잠깐이라도 잊어버릴 것입니다.

칭찬할 때는 호들갑스럽고 과하게 칭찬할 수도 있습니다. "우와", "역시", "대단해"와 같이 큰소리로 감탄할 수도 있습니다. 때로는 차분한 소리로 "그렇지", "잘하고 있네"와 같이 칭찬임을 알려주는 말을 간단하게 할 수도 있습니다. 수행 하나하나에 대해서 칭찬을 해줄 수도 있지만 가만히 지켜보다가 한꺼번에 "다 맞았네"라고 확인해줄 수도 있습니다. 이런 다양한 방법을 모두 섞어서 사용할 수도 있습니다. 어떤 방법이든 호의적인 반응을 보여주는 것만도 칭찬이 됩니다.

칭찬을 듣는 것은 즐거운 일입니다. 공부를 하면서 칭찬을 듣는 것도 즐거운 일입니다. 그러므로 공부는 즐거운 일을 가져다 주는 행위가 됩니다. 이렇게 되면 공부가 조금은 즐거워질 수 있습니다. 공부하는 아이 옆에 앉아서 계속 지적하고 야단치고 혼내기만 한다면 '옆에 있어주는' 것은 의미가 없습니다. 오히려 그런 어른은 옆에 없는 것이 낫습니다. 아이가 공부에 집중하기를 바란다면 호의적인 태도와 반응을 보이면서 함께 있어주세요.

03

공부할 때 맞닥뜨리는 고민 해결하기

앞에서 예를 들었던 시우와 수하가 기억나시나요? 수학 학습지 두 장을 푸는 데 결과적으로 3시간이 걸렸습니다. 이와 같이 주의집중력이 부족한 아이에게 공부나 숙제를 시키려면 다양한 어려움이 발생됩니다. 다음은 성민이 아빠의 이야기입니다.

> 성민이는 매일 수학 학습지를 푸는데, 채점이랑 틀린 것을 제가 봐주고 있어요. 어느 날은 봐줄 것이 하나도 없을 정도로 잘하고 또 어느 날은 하나도 모르겠다며 별표만 잔뜩 그려놓는 거예요. 어려운 문제인 줄 알았는데, 다시 해보라니까 잘 푸는 거예요. 처음부터 제대로 하면 될 것을, 왜 그런지 모르겠어요.

수하 엄마나 성민이 아빠가 아이 공부 때문에 고민하는 일은 이뿐만이 아닙니다. 숙제하자고 말해도 바로 책상에 앉지 않거나 책상에 앉아서도 딴짓을 하는 일, 준비물을 자주 잊어버리거나 숙제를 엉망으로 해놓는 일 때문에 힘들어하는 부모가 많습니다. 이럴 때 부모는 조곤조곤 설명하거나 달래기도 하지만 별 효과가 없어서 결국은 참지 못하고 혼내게 되어 아이와의 관계가 나빠지게 됩니다.

가장 좋은 해결책은 아이의 주의집중력을 증진시켜서 자발적으로 공부하도록 유도하는 것입니다. 하지만 전문 기관의 도움 없이 부모의 힘만으로 아이의 집중력을 좋아지게 하기란 매우 어려운 일입니다. 그래서 문제를 해결하고자 전문 기관을 찾아가지만 그곳에서도 일일이 공부를 가르쳐주거나 매일 숙제를 봐주지는 않습니다. 결국, 학습과 관련된 부분은 부모가 신경 써야 합니다.

그렇다면 주의산만한 아이를 어떻게 가르쳐야 공부나 숙제를 스스로 할 수 있을까요?

구체적인 방법을 설명하기에 앞서 기본 관점을 바꾸기를 권합니다. 즉, 산만함을 없애고 집중력을 키우겠다는 생각을 버리고, 그보다는 주의산만한 아이의 특성을 이해하고 이를 이용해서 공부나 숙제를 할 수 있게 돕겠다는 마음가짐을 가져야 합니다.

숙제를 시작하기까지가 너무 오래 걸려요

일단 책상에 앉게 하는 것부터 힘들다고 하소연하는 부모가 많습니다. 다음은 성우 엄마의 이야기입니다.

성우는 숙제가 너무너무 싫은가 봐요. 숙제하자고 했을 때 한 번도 바로 책상에 앉은 적이 없어요. 무슨 핑계가 그렇게 많은지 몰라요. 배고프다, 배 아프다, 화장실 가고 싶다, 동생이 뭐하는지 봐야겠다 하면서 뭉그적거리는 시간이 한 시간은 넘는 것 같아요. 겨우 책상 앞에 앉으면 그때부터 학교에서 있었던 이야기를 시작해요. "그만 말하고 숙제하자"라고 하면 "알았어. 근데 이거 하나만 말하고"라면서 이야기를 끝내지 않아요. 그러다가 저녁 준비할 시간이 되고, 저녁 먹고, 남편이 퇴근해서 오면 또 놀고 싶어하고 ……. 결국 한바탕 혼나고 나서 졸리는 것을 참아가면서 겨우겨우 숙제를 마쳐요. 그러니까 기분 좋게 잠드는 날이 하루도 없지요. 낮에 빨리 시작하면 저녁 시간을 편하게 보낼 수 있는데 그러지 못하니까 너무 힘들어요.

주의산만한 아이에게 "숙제하자"라고 부모가 말했을 때 곧바로

"응"이라고 대답하는 경우는 거의 없습니다. "알겠어"라고 대답만 하는 경우도 많습니다. 그러면 부모는 자꾸 재촉을 하게 되고 결국 큰소리로 혼을 내야 아이는 책상 앞에 앉습니다. 자리에 앉고 나서도 방금 혼났던 것을 완전히 잊은 듯 이런저런 이야기를 시작합니다. 부모는 화를 낸 것이 미안해서 아이의 이야기를 들어주고 호응해줍니다. 아이는 점점 즐거워하면서 이야기를 계속해나가고 뒤늦게 이야기를 제지해도 멈추지 않습니다.

10분 이상 길어진 이야기에 "그만 하라고!"라며 부모가 언성을 높이면 아이는 그제야 연필을 집어 듭니다. 연필은 잡았지만 오늘 할 숙제가 무엇인지를 확인하고는 "너무 많다"라고 찡얼거리면서 분량 협상을 하기 시작합니다. 정해진 숙제이고, 혹은 부모가 이미 많이 줄여준 결과여서 분량 협상이 불가능함을 설명해주면 이번엔 "너무 어렵다"라며 부모에게 가르쳐 달라거나 대신해 달라고 요구합니다. 이런 요구를 하면서 계속 찡얼대는 것을 참기 힘든 부모가 "이렇게 짜증낼 시간에 벌써 다 했겠다!"며 또다시 야단을 치고 아이는 불만 가득한 상태로 숙제를 시작합니다.

이처럼 숙제하기 위해 자리에 앉고 숙제를 시작하기까지 시간이 오래 걸리는 상황을 매일매일 경험하다 보면 부모는 지쳐버리고 아이와의 관계도 안 좋아집니다.

그렇다면 어떻게 해야 할까요? 주의산만한 아이를 곧바로 자리에 앉히는 일은 매우 어렵습니다. 첫째, 이 사실을 받아들여야 합니다. 우리 아이가 주의산만하다면 숙제나 공부를 위해 바로 자리에 앉는 것은 상당히 힘들 것이란 사실을 예측하고 있어야 합니다.

둘째, 아이가 왜 이와 같은 태도를 보였는지 이해해야 합니다. 주의산만한 아이가 숙제를 빨리 시작하지 못하는 가장 큰 이유는 계획 능력이 부족하기 때문입니다. 오늘 해야 할 과제를 완수하기 위해서는 언제부터 시작하면 되는지 대략적으로라도 계획을 세워야 합니다. 혹은 과제를 하는 것과 노는 것을 언제 어떤 순서로 할 것인지 계획해야 합니다. 하지만 주의산만한 아이는 이러한 계획을 세우는 능력이 부족합니다.

또한 조절 능력도 부족합니다. 지금 한창 재미있는 것을 하고 있는데, 덜 재미있는 공부를 하기 위해 놀이를 그만두기란 매우 힘든 일입니다. 따라서 놀고 있을 때 숙제를 하라는 부모의 지시를 당장 이행하는 것은 어렵습니다.

그렇다면 아이에게 "계획을 세워라, 놀고 싶은 것을 참아라"라고 가르치면 될까요? 말과 연습하기를 통해서 계획력과 조절 능력을 키울 수 있는 아이라면 주의산만한 아이가 아닐 것입니다. 부모의 적극적인 도움 없이는 아이의 능력 키우기를 장담하기 어렵습니다.

● 해결법1 : 오늘 할 일을 미리 알려주기

아이가 유치원이나 학교, 학원에서 돌아오면 반갑게 맞아준 후 간식을 주면서 오늘 해야 할 일을 미리 말해주세요.

여기에서 중요한 것은 '반갑게 맞아준 후'이고, 두 번째 중요한 것은 '간식을 주면서'입니다. 물론 우리가 노리는 가장 중요한 목표는 '오늘 해야 할 일을 미리 알도록 말해주는 것'입니다. 하지만 해야 할 일을 말할 때 서로 간에 호의적인 의사소통이 가능한 상태여야 합니다. 적어도 아이가 부모의 말에 주의할(attention) 수 있도록 해야 한다는 것입니다. 아이가 재미있는 만화책에 빠져 있을 때 "오늘은 수학 문제집 두 장 풀자"라고 한다면, 아무리 다정하게 말한들 아이가 귀기울여 듣지 않을 것입니다.

'반갑게 맞아주라'는 의미는 아이와의 관계를 긍정적으로 유지하라는 것입니다. 관계가 긍정적이면 부모와의 관계 자체가 아이에게 즐거움을 줄 수 있습니다. 즐거움을 주는 상대방이 하는 이야기라면 주의를 기울이게 되겠지요.

'간식을 주면서' 말해야 하는 이유는 아이를 보자마자 해야 할 과제를 성급히 말하는 것을 방지하기 위해서입니다. 집에 오자마자 공부하라는 얘기부터 듣는다면 아무리 부모가 다정한 얼굴로 이야기하더라도 부담감이 느껴지고 싫을 것입니다. 따라서 맛있는 간식을 먹어서 기분도 좋고, 부모에게 학교에서 공부하느라고 애썼다는 말도 들어서 편안해졌을 때 오늘 해야 할 일이 무엇인지 알려주면 아이는 계획을 세울 마음의 준비를 하게 됩니다.

때로는 "오늘 성우가 할 일이 뭐지?"라고 질문을 해주세요. 아이가 자신이 해야 할 일에 대해서 생각하게 되면 스스로 계획 세우기를 할 수 있게 됩니다. 하지만 주의산만한 아이는 자신이 해야 할 일이 무엇인지 잘 잊어버리는 특징이 있으므로 정확하게 대답하지 못해도 화내지 말고 친절하게 알려주세요.

오늘은 이것만 하면 돼

● 해결법2 : 언제 할지 함께 정하기

아이가 해야 할 일에 대해서 부모가 계획을 세우더라도 아이의 의견을 묻는 것이 좋습니다. 특히 과제를 수행할 시간에 대해서는 꼭 물어보세요.

"언제부터 할 거야?"

아이가 기분이 매우 좋은 상태라면 바로 "지금부터 할 수 있어요!" 라고 말할 것입니다. 그러면 빨리 과제를 시작하면 됩니다. 하지만 대부분의 아이는 위의 질문에 대답하기 위해 나름대로 시간 계산을 하기 시작합니다. 적절하고 합리적인 시간 계산을 하는 것이 아니라 최소한으로 공부하고 최대로 놀 수 있게 계산하는 경우가 대부분이죠. 그래서 최대한 늦은 시간을 말하게 됩니다.

"저녁 먹고 나서 할 거예요."

"자기 전에 할 거예요."

아이가 제시한 시간을 받아들이기 어렵겠지만 부모는 최대한 인내심을 발휘해야 됩니다. 아이도 나름대로 계획을 세운 것이기 때문에 일단 수용해주어야 합니다.

아이가 세운 계획이 부모의 마음에 들지 않는다고 "그건 안 돼"라고 단호하게 말하면 아이는 자신이 세우는 계획은 쓸모없는 것이라고 여겨서 더 이상 계획을 세우지 않을 수 있습니다. 혹은 자신이 계획을 세우는 것이 아니라 부모가 생각한 계획에 맞춰야 한다고 생각해서 눈치를 볼 수도 있습니다. 어떤 결과이든 자발적인 계획 세우기 연습을 못하게 됩니다.

하지만 위와 같이 '저녁 먹고 나서', '자기 직전'과 같이 다소 모호하고 억지인 경우, 이를 곧이곧대로 수용하는 것도 계획 세우기의 연습으로는 좋지 않습니다. "그래, 자기 전에 하는 거다"라고 끝내는 것이 아니라 구체적인 시간을 정하도록 하세요.

"그럼 네 말대로 자기 전에 숙제를 해. 자기 전 몇 시부터 할까?"

아이가 저녁 8시나 9시에 숙제를 하겠다고 말할 수도 있습니다. 시간 개념이 아직 잡혀 있지 않으면 자기가 알고 있는 최대한 큰 숫자를 말할 수도 있습니다. 혹은 잠자기 바로 직전에 하겠다고 할 수도 있습니다. 이런 아이의 제안을 받아들이기 어렵더라도 가능하면 수용해주는 것이 좋습니다.

하지만 보통 저녁 9시에 자는 아이가 저녁 9시에 숙제하겠다는 것은 수용하면 안 됩니다. 혼내거나 따지기보다는 사실을 알려주세요.

"성우는 보통 9시에 자는데 9시에 숙제를 시작하면 어떻게 하지? 잠자는 것과 숙제를 동시에 하기는 어렵지 않을까?"

그러면 아이가 숙제 시간을 당길 수도 있겠지요. 부모가 적절한 제안을 해줄 수도 있습니다.

"성우는 보통 9시에 자니까 9시부터 숙제하는 건 어렵지 않을까? 엄마 생각에는 8시부터 숙제를 하면 다 끝내고 9시에는 잘 수 있을 것 같은데 성우 생각은 어때?"

　제안만 할 뿐 아니라 동의를 구하는 질문을 함께 해야 아이가 엄마 생각을 받아들일 가능성이 높아집니다. 이때 동의를 구하지 않고 "8시부터 해"라고 단호하게 말하면 계획 세우기를 '도와주는' 것이 아닌 부모의 일방적인 요구일 뿐이므로 아이의 계획력 증진에 도움이 되지 않습니다.

몇 시쯤 할까?

성우는 9시에 자니까 9시부터 숙제하는 건 어렵지 않을까? 성우 생각은 어때?

:: 숙제를 저녁 8시에 하는 건 너무 늦지 않나요?

숙제를 시작하는 것에 대한 어려움이나 거부감을 줄이는 것을 목표로 삼아야 합니다

저녁 8시에 숙제를 시작하는 것은 너무 늦다고 생각하는 부모가 많습니다. 특히 자녀가 초등학교 저학년이면 8시부터 숙제해도 좋다고 허락했을 때 아이가 마음 놓고 8시까지 놀 수 있는 이유를 제공하게 된다고 생각합니다. 더불어 공부하는 습관을 들이는 데 방해가 된다고 생각하는 분도 많습니다.

부모가 모두 직장을 다녀서 퇴근이 늦는 경우에는 퇴근 전에 아이가 숙제를 모두 끝내놓기를 바랍니다. 아이와 보내는 짧은 시간을 숙제시키느라 실랑이하면서 허비하고 싶지 않기 때문입니다. 어떤 측면에서는 올바른 견해입니다.

하지만 현재 아이가 자신이 해야 할 일을 시작하는 데 시간이 오래 걸리고, 하기 싫어하고, 공부할 때마다 찡얼거리는 상태라면 자신의 일을 성실하게 수행하는 것, 공부 습관을 들이는 것, 부모가 퇴근하기 전에 숙제를 끝내는 것이 가장 큰 목표가 될 수 없습니다.

일단 과제를 시작해야 성실하게도 할 수 있고, 습관도 들일 수 있고, 부모가 퇴근하기 전에 숙제를 끝낼 수 있습니다. 그러므로 과제를 시작하는 것에 대한 어려움이나 과제에 대한 거부감을 줄이는 것을 우선 목표로 삼아야 합니다.

이런 목표를 위한 첫걸음이라면 저녁 8시에 숙제를 하는 것도 나쁘지 않습니다. 실제로 8시부터 시작해보니까 숙제를 다 못했는데 졸리고, 퇴근한 부모와 놀지도 못해서 서운하다는 것을 알면, 스스로 시간을 조금씩 앞당기게 됩니다. 낮에 충분히 놀아서 신나고 저녁 8시부터 숙제를 시작해서 빠른 시간 안에 거뜬히 끝낼 수 있다는 것을 알면, 숙제가 그다지 어렵고 힘든 것이 아니라는 자신감이 생길 수도 있습니다.

저녁 8시에 숙제하기로 한 계획을 잘 지켜서 퇴근한 엄마가 다정한 태도로 숙제를 봐주고 칭찬해준다면, 엄마와 숙제하는 시간이 엄마와 노는 시간만큼 즐거울 수도 있습니다.

🔶 해결법3 : 놀고 싶은 마음 참게 하기

아이가 할 일이 무엇인지, 언제 하면 되는지 계획을 세워주고 나면 그 다음에는 더 놀고 싶은 마음을 참는 법을 훈련시켜 주세요. 물론 쉽지 않은 일입니다. 대부분의 놀이는 공부보다 재미있으니까요. 그러므로 부모는 현재 아이가 하고 있는 놀이의 재미를 반감시키는 것과, 과제를 시작하는 과정을 재미있게 할 수 있도록 도와주어야 합니다.

슬쩍 남은 시간 알려주기

가장 쉽게 사용할 수 있는 방법은 계획한 숙제 시간이 얼마 남았는지를 미리 알려주는 것입니다. 숙제하기 전 활동이 정말 재미있는 것이라면 한 시간 전부터 슬쩍 남은 시간을 알려주세요. 이때는 한 시간 '밖에' 안 남았다고 이야기하기보다는 "아직 놀 시간이 한 시간'이나' 남았어!"라고 말해주는 것이 좋습니다. 30분이 남았을 때는 "30분 지났네? 하지만 아직 30분이 남아 있어!"라고 말해줍니다.

이런 말을 들으면 아이는 갑자기 더욱 맹렬하게 놀기 시작합니다. 더욱 맹렬히 논다는 것은 마음이 조급해졌다는 의미입니다. 오히려 놀이 자체에 대한 순수한 흥미는 저하되지요. 책을 읽던 아이는 갑자기 책장을 급하게 넘기기도 합니다. 이미 그 책에 대한 흥미를 잃었다는 증거입니다.

어떤 아이는 자신이 읽고 있는 장(chapter)이 어디까지인지 확인한 후, 그 장까지는 다 읽겠다며 책장에 손가락을 끼운 채 읽기도 합니다. 자신이 읽을 분량을 제한하는 것, 즉 통제하는 모습이기도 합니다. 만들기를 하던 아이는 갑자기 블록을 마구 끼우기도 합니다. 기차놀이를 하던 아이는 갑자기 기차를 손으로 잡고 쌩쌩 달리게도 합니다.

10초 전부터 카운트다운 하기

15분 전, 10분 전, 5분 전 이렇게 확인을 해주되 1분 전부터는 10초 단위로 알려주다가 10초 전에는 1초 단위로 말해줍니다. 카운트다운은 자리에 앉게 하기 위한 재미있는 장치입니다. '재미'가 중요하므로 시간을 알려줄 때는 채근하거나 윽박지르는 어조로 말하면 안 됩니다. 카운트다운을 하는 것이 재미있으면 아이는 카운트다운이 끝나기 전까지는 자리에 앉지 않을 것이고, 오히려 더 멀리 숨어버릴 수도 있습니다. 하지만 부모가 "0"을 외치는 순간 쏜살같이 달려와서 의자에 앉을 것입니다. 과제를 시작하는 것도 재미있게 되는 것이지요.

아이가 자리에 앉는 순간을 부모가 함께 즐거워하고 칭찬해주면 공부 시작 시간이 저녁 8시여도 즐겁게 시작할 수 있을 것입니다. 오후 4시부터 숙제하라고 다그치다가 저녁 7시에 마지못해 자리에 앉는 것보다는 실컷 놀고 저녁도 먹은 후 즐겁게 8시에 자리에 앉는 것이 더 효율적이지 않을까요?

숙제 양이 많지 않아도 아이가 꾸물거리면서 숙제를 빨리 하지 않기 때문에 저녁 8시면 너무 늦다고 생각하는 부모도 있을 것입니다. 그 의견도 맞습니다. 그런 경우에는 어떻게 대응할지 이제부터 살펴보겠습니다.

오늘도 몸 따로, 마음 따로

공부하다가 자꾸 딴짓해요

공부에 집중하지 못하고 꾸물거리며 딴짓하는 아이를 지켜보는 부모의 마음은 지쳐갑니다. 다음은 시영이 아빠의 이야기입니다.

시영이는 숙제하라고 하면 대답도 잘하고 자리에도 냉큼 앉는 편이에요. 하지만 자리에 앉으면 아빠한테 무슨 할 말이 그렇게 많은지 끝없이 재잘댑니다. 학교에서 있었던 일을 이야기하는 것은 물론, 상상 속의 이야기도 많이 합니다. 한번은 중간에 끊지 않고 실컷 말하게 두었더니 30분도 넘게 혼자서 떠들더라고요. 대부분은 그만 말하라고 혼내야 겨우 숙제를 시작합니다. 어떤 때는 시영이가 자리에 앉으면 "숙제해라"라고 말하고 저는 나가 버립니다. 30분쯤 있다가 얼마나 했나 방에 들어가 보면 숙제는 하나도 안 하고 공책에다가 그림만 잔뜩 그려놓았더라고요. 어느 날은 본격적으로 스케치북을 꺼내서 그림 그리고 있는 걸 보기도 했어요. 어렵게 숙제를 시작해도 화장실에 가고 싶다, 배고프다 며 나오기도 합니다. 간식 거리를 가지고 들어가서 제가 옆에 앉 아 있으면 숙제하다 말고 또 이야기를 시작하고 …… 이야기를 못하게 하면 의자에서 이리저리 자세를 바꿔가며 앉는 통에 연필을 손에 잡을 시간이 없어요. 숙제가 얼마 되지도 않는데 이렇게 딴짓을 하니까 저만 애가 타죠. 결국 제가 화를 내고 혼내야 끝내더라고요. 요즘엔 아이와 너무 사이가 나빠지는 것 같아서 혼내고 싶지 않은데 어째야 좋을지 모르겠어요.

주의산만한 아이는 숙제하려고 책상 앞에 앉아도 금세 딴짓을 하거나 앉은 상태로 몸을 이리저리 움직입니다. 문제를 풀다가 지우개를 찾으러 가고, 지우개를 찾으면서 발견한 다른 물건들을 살피느라 지우개를 갖고 오는 데 한참 걸리기도 합니다.

책상에 앉아 있더라도 책상 위에 놓여 있는 연필이나 지우개 같은 작은 물건들을 바닥으로 떨어트리는 일이 다반사입니다. 평소에는 떨어트린 물건에 신경 쓰지 않다가도 공부 시간에는 꼭 물건을 줍고 깨끗이 닦아 제자리에 두려고 애씁니다. 글씨를 쓴다고 한번 힘을 주어보고는 점점 더 세게 힘을 주어 연필심의 끝 부분을 부러트립니다. 지우개를 연필로 콕콕 찔러 구멍을 내기도 하고, 구멍을 후벼 파서 더 큰 구멍을 만들고는 두더지 구멍이라고 하면서 자지러지게 웃습니다.

우여곡절 끝에 숙제를 하다가 중간에 물을 마시겠다고 일어납니다. 엄마가 갖다 준다고 하면 자기가 가겠다고 하거나 엄마가 물을 가지러 나갈 때 따라 나옵니다. 이때는 평소보다 물도 많이 마십니다. 잠시 후에는 화장실에 가고 싶다고 합니다. 화장실에서 한참을 있다가 와서는 또 조금 숙제를 끄적거립니다. 그러다가 "왜 이렇게 많아", "이걸 언제 다 해"라며 한숨을 푹 쉬고는 '힘들다, 피곤하다, 졸리다'는 말을 반복하기 시작합니다. "그만해! 이런 말할 시간에 숙제 다 했겠다!"는 엄마의 짜증 섞인 잔소리가 시작되고, 아이는 입을 뽀로통하게 내민 채 꾸역꾸역 숙제를 하기 시작합니다.

어떻게 해야 숙제를 빠르게 마칠 수 있을까요?

주의산만한 아이가 재미없는 공부를 빠른 시간 안에 마치는 것은 매우 어렵습니다. 공부하러 오는 것이 힘들었던 것처럼, 공부할 때는 하기 싫은 마음을 억제하지 못하기 때문입니다. 공부보다 더 재미있고 만족스러운 행동을 먼저 하고 싶고, 그 마음을 참지 못하는 것입니다. 지금 물을 마시고 싶으니까 물 마시는 것을 과제보다 먼저 해야 하고, 지금 화장실에 가고 싶으니까 과제보다는 화장실에 먼저 가야 합니다. 공부나 숙제보다 물 마시기와 화장실 가기가 더 만족스러우니까요.

참는 연습을 하면 된다고 생각하는 부모도 있습니다. 놀고 싶은 것을 참고 공부하는 습관을 들이면 참을 수 있게 된다고 생각하는 것이지요. 하지만 이는 매우 어려운 주문입니다. 주의산만한 아이는 그런 습관을 들이기 전에 먼저 부모와 심각한 갈등을 일으키게 될 것입니다.

● 해결법1 : 즉각적인 만족감 주기

주의산만한 아이에게는 즉각적인 만족감을 주어야 합니다. 물을 마시면 즉시 갈증이 해결되고, 당장 학습을 피할 수 있으니 만족스럽습니다. 만약 공부하는 것이 물 마시는 것보다 만족스럽다면 공부를 먼저 하겠지요. 공부 자체는 만족 측면에서는 물 마시기를 절대 이길 수 없습니다. 하지만 부모의 칭찬이나 공부를 하면서 얻을 수 있는 성취감은 물 마시기나 화장실 가기를 참을 수 있을 만큼의 만족감을 줍니다. 그러므로 부모는 아이가 칭찬을 받고 성취감을 느낄 수 있는 상황을 자주 만들어주어야 합니다.

수학 문제 풀기를 예로 들어보겠습니다. 오늘의 숙제가 20문제라면 칭찬을 20번 해줄 수 있습니다. 한 문제 풀 때마다 칭찬해주는 것이지요. 아이가 짜증스러워하면서 한 문제를 푼 순간 아빠가 뿌듯한 목소리로 "우리 딸 아주 잘하는데?"라고 말하면 아이는 한 번 더 칭찬을 듣기 위해서 다음 문제를 바로 풀려고 할 것입니다. 자신이 진짜 잘 풀었다는 성취감도 자연히 따라오겠지요. 이와 같은 방법은 학습 과정에서 즉각적인 만족감을 주기로 계획한 첫날에 매우 효과적입니다.

시간이 지나면서 부모는 칭찬하는 데 지쳐가고 영혼 없이 공허한 추임새만 하게 될 수 있습니다. 그런 상황을 아이도 간파합니다. 더 나아가서 자기에게 숙제를 시키기 위해 부모가 일부러 더 칭찬한다는 것도 알게 됩니다. 아이가 이런 것들을 알게 되는 순간 더 이상 칭찬은 효과가 없습니다. 그러므로 부모는 연달아 칭찬하는 것이 힘들다고 느껴지면 전략을 바꾸는 것이 좋습니다.

공부를 즐겁게 만드는 칭찬의 힘

🔶 해결법2 : 해낸 분량 늘려가며 칭찬하기

처음에는 한 문제를 풀 때마다 칭찬해주되 어느 정도 시간이 지나면 분량을 늘려서 칭찬해주세요. 네다섯 문제씩 분량을 늘리는 식으로 말입니다. 한 문제 풀 때마다 칭찬해주다가 갑자기 세 문제 푼 후에 칭찬해주는 방식으로 덜컥 바꾸지는 마세요. 칭찬의 방식을 바꿀 것을 아이가 예상할 수 있도록 미리 알려주세요.

"시영이가 문제를 정말 잘 푸는구나! 이번에는 세 문제를 연달아 풀어보자."

아빠의 목소리에는 이제껏 딸이 문제를 잘 풀어냈다는 칭찬과 세 문제 정도는 잘 풀어낼 수 있을 것이라는 신뢰가 가득 차 있어야 합니다. 아빠가 나를 칭찬하고 믿어주는데 그깟 세 문제쯤이야 충분히 풀 수 있을 것입니다. 그렇게 아이가 세 문제를 잘 풀면 또 칭찬해주세요. 아이는 칭찬받아 기분이 좋고 세 문제 정도는 한꺼번에 풀 수 있다는 자신감과 성취감을 가지게 됩니다. 아이가 충분히 자신감을 가졌다는 확신이 들면 다섯 문제, 열 문제로 분량을 점차 늘려서 칭찬해주세요. 이렇게 계속 칭찬을 듣다 보면 딴짓하는 것보다 과제를 하는 것이 더욱 즐거운 일이 될 것입니다.

◆ 해결법3 : 이유 있는 휴식 주기

아무리 계속 칭찬을 듣는다 해도 과제 시간이 너무 길어지면 하기 싫은 마음이 들 수도 있습니다. 아이가 조금 힘들어한다 싶을 때 약간의 휴식을 주세요. 객관적으로도 예전에 했던 것보다 훨씬 빠른 시간 안에 많은 분량을 해냈을 것이므로 이에 대해서도 분명하게 알려주면서 휴식 시간을 주는 것입니다.

"우와, 벌써 오늘 숙제 절반을 다 했네. 어제보다 훨씬 빨리 했는걸? 시영이가 열심히 했으니까 주스 한잔 마시면서 잠깐만 쉬자."

칭찬과 함께 휴식에 대한 정당성도 부여해주세요. 당당하게 주스도 마시고 쉴 권리가 있는 것입니다. 그러나 아직 숙제가 남아 있으므로 휴식 시간을 어느 정도는 제한해야 합니다. "이제 반밖에 안 남았구나! 한 10분 쉬고 마저 할까? 5시 30분부터 시작하면 6시 전까지는 다 끝낼 수 있을 것 같아!"

이때 아이가 더 많이 쉬려 할 수도 있습니다. 그러면 어느 정도는 들어주세요. 하지만 쉬는 시간이 총 30분은 넘지 않는 것이 좋습니다. 그사이에 공부보다 더 재미있는 놀이를 찾을 수도 있으니까요.

🔺 해결법4 : 휴식 후 다시 숙제시키는 방법

때때로 휴식 시간이 독이 되는 경우도 있습니다. 한번 쉬기 시작하니 다시 공부를 하고 싶은 마음이 안 생기는 것입니다. 그래서 아이가 한번 책상 앞에 앉으면 부모는 쉬는 시간을 주지 않으려고 합니다.

하지만 부모가 먼저 쉬는 시간을 가지자고 하는 것은 아이가 열심히 했음을 부모가 충분히 이해하고 있다는 표현이기도 합니다. 부모가 자신을 이해해준다는 것을 알게 되었을 때 아이의 기분이 얼마나 좋을지 상상해보세요. 부모에게 이해받았다는 아이의 기쁨은 휴식 후 다시 과제로 돌아가지 않아서 생기는 손실보다 훨씬 더 큽니다. 그러므로 쉬는 시간을 주는 것을 두려워하지 마세요.

하지만 숙제가 남아 있음에도 나머지 숙제를 하지 않으려 하면 부모는 조바심이 생기기 시작합니다. 조금씩 달래도 말을 잘 듣지 않으면 다그치거나 혼내는 방식을 다시 꺼내 들 수도 있습니다. 하지만 이런 방식은 앞서 말한 아이의 기쁨을 사라지게 합니다. 그럴 때는 다음과 같은 방법을 사용해보세요.

시간적 여유가 있을 때

휴식 시간을 가진 후 또다시 책상에 앉기를 거부한다면 아예 충분히 쉬게 해주세요. 한 시간 이상 쉬거나 아니면 저녁을 먹고 난 후 다시 시작해도 됩니다. 만약 다음날까지 꼭 해야 하는 숙제가 아니고 시간적인 여유가 있다면 하루 뒤로 미룰 수도 있습니다. 이렇게 하면 숙제를 다 마치는 데 시간이 너무 오래 걸린다고 걱정하는 부모도 있습니다. 하지만 빨리 숙제를 끝내라고 잔소리를 하면 또 찡얼거리거나 몸을 배배 꼬면서 오랫동안 숙제를 하게 될 가능성이 높아집니다. 숙제를 마칠 때까지 오랜 시간이 걸리는 것은 매한가지이지요. 그러므로 충분히 쉬는 것을 허락해주세요. 동시에 시간을 명확히 제한해주세요.

"숙제하느라 너무 힘들었구나. 그럼 저녁 먹고 나서 8시부터 다시 하는 건 어때?"

저녁을 먹으면서 아까 아이가 얼마나 열심히 숙제를 했는지에 대해 엄마에게 말해준다면 아이는 8시가 되자마자 자리에 앉아서 같이 숙제하자며 아빠를 부를지도 모릅니다.

시간적 여유가 없을 때

숙제를 늦게 시작했을 경우 충분한 휴식을 주지 못할 수도 있습니다. 여건이 된다면 아예 숙제를 다음날로 미룰 수도 있습니다. 대신 다음날 몇 시에 숙제를 다시 하면 될 것인지 미리 상의하고 결정된 내용을 종이에 적어서 잘 보이는 곳에 붙여주세요.

숙제를 다음날로 미룰 여건이 안 될 수도 있습니다. 이럴 때는 충분한 휴식 시간을 가지지 못할 것입니다. 애초에 10분을 쉬기로 했으나 아이가 더 쉬고 싶어하면 오늘 남은 시간이 얼마나 되는지 알려주고 스스로 일정을 고려하도록 유도해주세요.

"시영이는 9시 30분이면 자야 되는데 자기 전에 숙제를 마치려면 언제부터 다시 숙제를 시작하면 좋을까?"

이렇게 스스로 자신의 일정을 고려하는 것은 계획 능력을 키우는 데 도움이 됩니다. 또한 다음날에도 자신이 언제 숙제를 시작하고 얼마나 쉬면 될 것인지 생각할 수 있는 경험적 기준이 되기도 합니다. 처음에는 자신이 정한 시간인 9시부터 숙제를 다시 시작했는데 졸려서 힘들어할 수도 있습니다. 이런 경험을 하면 다음날에는 9시보다 일찍 숙제를 시작해야 한다는 것을 깨닫게 됩니다.

물론 한 번의 경험을 통해서는 이런 기준이 생기지 않으므로 계속 9시를 고집할 수도 있습니다. 그러면 일단은 수용해주세요. 이런 경험이 누적되어야 기준이 공고해지기 때문입니다. 그리고 늦게까지 숙제를 하고 부모의 위로를 받으며 자는 것이, 숙제를 일찍 하라는 부모의 잔소리를 듣고 불만이 가득한 채 숙제한 후 부모의 핀잔을 받고 자는 것보다 더욱 편안할 테니까 말이지요.

한 가지를 진득하게 못하고 이거 했다 저거 했다 해요

어른 기준에서 볼 때 해야 할 일을 순서대로 차근차근 해나가는 것이 어려운 일은 아닙니다. 하지만 주의산만한 아이는 해야 할 일이 여러 개일 때 이를 수행하는 데 어려움을 겪습니다. 다음은 진용이 엄마의 하소연입니다.

우리 진용이는 숙제를 해야 된다는 건 알고 있어요. 그런데 어느하나 제대로 하는 건 없으면서 숙제가 너무 많다고 투덜거리기만 해요. 종류가 여러 가지인 건 맞지만 해야 할 분량은 많지 않아요. 일기 쓰기, 영어 학원 숙제, 매일 하기로 저랑 약속한 수학학습지, 그리고 영어 숙제가 없는 날에는 짧은 동화책을 한 권씩읽기로 했어요. 집중해서 하면 한 가지 하는 데 10~15분밖에 안걸려요. 그런데 일기를 쓰다 말고 동화책을 읽기도 하고 영어 숙제를 하다 말고 수학 숙제를 해요. 왜 그런 식으로 숙제를 하냐고 하면 핑계도 많아요. 일기에 동화책 읽었다고 쓰기 위해서 먼저 읽는 거라고 하고, 영어 숙제를 하다가 수학 숙제를 못할까봐 수학 숙제부터 한다고 해요. 그러다가 다시 영어 숙제를 하는데, 수학 숙제가 어려워서 영어 먼저 하겠다고 말하지요. 하나라도 먼저 끝내라고 말해도 듣지 않아요. 그러니 한 시간이 지나도 숙제를 하나도 못 끝내는 거예요. 자기는 하루 종일 숙제하느라 힘들다고 투덜대는데 제가 봤을 때는 하기 싫어서 이것 끄적, 저것 끄적 하는 것 같아요. 아무리 하나씩 차례대로 하라고 말해도 말을 안 들어요.

주의산만한 아이는 일을 체계적으로 계획하는 능력이 부족합니다. 그래서 어떤 일을 하다가 자신이 해야 할 다른 일이 생각나면, 하던 일을 마무리하지 못한 채 다른 일을 시작하게 됩니다. 그러다가 아까 하다 만 일이 생각나면 다시 돌아가는 식이지요. 해야겠다고 생각하는 일이 있으면 전후 상황을 고려하지 않고 바로 행동으로 옮기는 특성 때문입니다. 제대로 계획을 세우지 못하는 것, 충동적인 것, 억제하지 못하는 것이 다 함께 나타나는 것입니다. 모두 실행 기능이 적절히 발휘되지 못해서 나타나는 현상입니다. 그러므로 부모는 계획 세우기를 도와주고, 그 계획을 실천할 수 있도록 이끌어주어야 합니다.

앞에서는 할 일에 대한 계획을 세우는 것, 시간 계획을 세우는 것에 대해서 말씀드렸습니다. 이제부터는 해야 할 일을 체계적으로 할 수 있도록 계획하는 방법을 알아보고, 이를 실천할 수 있도록 돕는 방법에 대해서 살펴보겠습니다.

◆ 해결법1 : 구체적인 계획 함께 짜기

앞에서 아이가 학교에서 돌아오면 반갑게 맞아준 후, 간식을 주면서 오늘 해야 할 일을 미리 말해주는 방법을 알려드렸습니다. 이런 과정을 통해서 아이가 숙제를 시작하더라도 여러 숙제를 체계성 없이 이것저것 한다면 효율이 떨어질 수 있습니다. 만약 아이가 별다른 불평 없이 과제를 완수하기만 한다면 이런 행동에 대해서 처음부터 지적할 필요는 없습니다. 불평 없이 잘하고 있는 아이에게 괜한 잔소리를 하는 격이 되니까요. 하지만 비효율적인 방법을 사용하면서 숙제가 너무 많다고 볼멘소리를 한다면 좀더 효율적인 방법을 알려주는 것이 좋겠지요.

과제를 효율적으로 수행하기 위한 계획을 세울 때 부모가 주도적으로 계획을 세워줄 수도 있고, 자녀가 스스로 계획을 세우도록 할 수도 있습니다. 각각의 방법이 모두 장단점이 있습니다.

아이는 아직 어려서 어떻게 계획을 세워야 체계적이고 효율적인지 정확하게 알지 못합니다. 그래서 부모가 아이에게 가장 효율적인 방법으로 계획을 세워주게 됩니다. 하지만 부모가 너무 주도적으로 계획을 세워주면, 자녀 스스로 자기 일을 계획할 필요가 없어지면서 궁극적으로 계획 능력을 키워주는 데 걸림돌이 될 수 있습니다. 주의산만한 아이는 기질상 계획 능력이 부족하다는 점을 생각하면, 일방적으로 부모가 주도하는 계획 세우기가 마냥 좋을 리는 없습니다.

뿐만 아니라 아이의 입장에서 부모가 세운 계획은 "공부해라"라는 잔소리가 구체화된 형태로 나타난 것이므로, 자발적인 학습력도 저하되기 쉽습니다.

아이에게 스스로 계획을 세우게 할 경우에는 효율성이나 현실성이 떨어지는 경우가 많습니다. 그래서 아이가 짠 계획을 보다 보면 어처구니가 없는 경우도 많지요. 하지만 아이 스스로 계획을 짜보아야 잘못된 점을 알게 되고 수정하는 과정을 통해 계획 능력을 발달시킬 수 있습니다. 또 스스로 하기로 한 것이어서 학습에 대한 자발성이 좀더 증가되는 측면도 있지요.

부모는 이 두 가지 방법의 장점만 결합해서 계획 세우기를 하면 됩니다. 즉, 부모는 아이가 계획 세우는 과정을 도와주면 됩니다.

제안하기

다그치듯 말하지 말고 수용적인 태도를 유지하면서 말해보세요.

"숙제를 뭐부터 할지 계획을 세워보자."

"어떤 숙제를 해야 하지?"

계획 적어두기

만약 아이가 해야 할 일 한두 가지를 잊고 말하지 않았다면 '부드럽게' 혹은 '지금 막 생각난 듯이' 알려주세요.

"영어 숙제는 안 해도 되니?"

"수학 학습지도 해야 되지?"

당장 급하지 않은 것까지 목록에 넣으라고 하지 마세요. 부모가 생각나게 해서 분량이 많아지면 아이는 곧 싫증을 낼 수도 있으니까요.

해야 할 일에 대해서 아이가 감을 잡지 못해 지나치게 많이 말할 수도 있습니다. 일단 막지 말고 다 적어주세요.

우선순위 정하게 하기

"이것들 중에 뭘 제일 먼저 할까?"라고 아이 스스로 우선순위를 정하게 합니다. 아이가 말한 순서대로 숫자를 적거나 다른 종이에 다시 적어서 아이 스스로 자신이 정한 순서를 알 수 있게 합니다.

이때 아이는 학교 숙제인지, 엄마 숙제인지, 아니면 마감일이 내일인지 다음주인지 등을 전혀 고려하지 않은 채 막무가내로 순서를 정할 수 있습니다. 그렇더라도 아이가 정한 순서를 인정해주세요.

상의하기

"그런데 이건 언제까지 하는 숙제야? 저거는 언제까지 하면 되는 거지? 아, 그러면 내일까지 하는 숙제를 먼저 하자."

우선순위대로 해야 할 일 적고 수행하기

어떤 과제인지 분량은 얼마나 되는지 구체적으로 적습니다. 예를 들어서 '수학 학습지 하기' 항목 뒤에는 'ㅇㅇ수학 문제집 13~16쪽 풀기'라고 구체적으로 적어놓아야 합니다. '영어 학원 숙제하기' 항목 뒤에는 'ABC 영어책 25~26쪽에 나온 대화 완성하기, 27쪽 문장 다섯 번 쓰기, 엄마와 함께 영어동화 읽기'라고 적습니다. 영어 학원 숙제처럼 한 항목에 여러 종류의 숙제가 있다면 이를 모두 쓸 뿐만 아니라 각 숙제에 대한 우선순위도 정하는 것이 좋습니다.

만약 전 단계에서 이미 구체적으로 정했다면 이번 단계는 수행한 것이니 넘어가도 됩니다. 하지만 전 단계에서 아이가 자신이 해야 할 일을 구체적으로 말하지 않았다면 그때는 막지 말고 그냥 진행하세요.

전 단계부터 구체적으로 적어야 한다고 부모가 채근하면 아이는 부담을 느껴서 계획 세우기를 하지 않으려 할 수도 있습니다.

이제부터는 적은 것을 실천하기만 하면 됩니다. 해야 할 일을 구체적으로 적을 때, 그때 함께 수행할 수도 있습니다. 예를 들어 수학 학습지 풀기를 제일 먼저 해야 한다면, 먼저 수학 학습지의 분량을 적은 후, 문제를 푸는 것입니다. 수학 학습지를 다 푼 후, 영어 학원 숙제를 할 차례가 되면, 그때 되어서 영어 학원 숙제는 어떤 것이 있는지 구체적으로 적어도 됩니다.

이 과정을 거치면 해야 할 일의 우선순위가 결정될 것입니다. 또한 자신이 어떤 것을 해야 하는지에 대해서도 아이가 미리 가늠할 수 있습니다. 순서와 내용을 적은 종이는 그날 과제를 마칠 때까지 없애지 말고 잘 보이는 곳에 붙여두세요.

🔶 해결법2 : 계획대로 수행하기

계획을 세우고 나서 그 계획대로 잘 실천하는 사람은 많지 않습니다. 어른도 계획대로 모두 실천하기 쉽지 않은데 주의산만한 아이는 더욱 어렵겠지요. 그러므로 "계획 세웠으니까 이제 방에 들어가서 그대로 해"라고 말해봐야 잘해내지 못할 것은 자명합니다.

환경 만들기

아이가 집중할 수 있는 환경을 준비해주세요. 수학 학습지 풀기를 할 때는 책상 위에 수학 학습지만 두고 나머지는 보이지 않게 치워야 합니다. 또, 주의산만한 아이에게는 계획을 한 가지씩 수행할 때마다 확인하고 칭찬해주는 과정이 필요합니다. 확인받는 즐거움을 느끼게 하기 위해서입니다.

"수학 학습지 13~16쪽을 풀면 와서 엄마한테 자랑해."

아이가 다 풀고 와서 자랑을 하면 칭찬을 듬뿍 해준 후, 해야 할 일 목록에서 이 항목을 분명하게 지워주세요.

(예) ~~수학 학습지 하기 : ○○ 수학 문제집 13~16쪽 풀기~~

아예 글자가 안 보이게 굵은 줄로 지워도 좋습니다. 이때 지우개로 지우면 안 됩니다. 흔적이 남아야 기쁨이 커지니까요.

성취감 느끼게 하기

"수학 학습지 13~14쪽을 풀면 가지고 와서 엄마한테 자랑해."

그리고 아이가 다 풀었다고 자랑하면 잘했다고 칭찬해준 후, 해야 할 일 목록에서 푼 부분을 분명하게 지워주세요.

(예) 수학 학습지 하기 : ○○ 수학 문제집 ~~13, 14,~~ 15, 16쪽 풀기

이렇게 자신이 무엇을 했는지 눈으로 확인을 하면 무언가 끝냈다는 성취감을 느낍니다. 해야 할 일의 목록이 하나씩 지워지고 마침내 지울 것이 하나도 없다면 아이는 날아갈 듯한 기분을 느낄 것입니다. 목록을 지우는 것 자체가 아이에게 또다른 재미가 됩니다. 그러므로 목록을 빨리 지우기 위해 한 가지 항목에만 집중하게 됩니다. 이것 하다가 저것 하면 2개의 항목을 모두 지우는 데 시간이 오래 걸리니까요.

흥미 유발시키기

목록을 지울 때 목록 앞이나 뒤에 조그맣게 ∨표시를 하는 것보다는 눈에 확 띄게 지워주는 것이 좋습니다. 그래야 성취감과 뿌듯함을 강하게 느낍니다.

아이 옆에 있기

아이가 수학 문제를 풀다가 영어 숙제를 하려고 하면 "여기까지 풀면 끝나. 빨리 마쳐서 여기 쓰여 있는 것 지우자"라고 말해주세요. 목록이 지워지는 기쁨을 상기시켜주면 아이는 빨리 끝내려고 몰두할 것입니다.

자신이 해야 할 일을 기억하지 못해요

　주의산만한 아이는 해야 할 일을 몇 번씩 일러주어도 잊어버리는 경우가 있습니다. 다음은 영우 엄마의 이야기입니다.

　　영우는 제가 챙겨주기 전에는 자기 할 일을 알아서 하는 법이 없어요. 게임하는 것만 좋아하죠. 그래서 매일 하교 후 숙제를 다 하면 7시 전까지는 마음껏 게임해도 된다고 했습니다. 그랬더니 집에 오자마자 게임을 하더라고요. 숙제 먼저 하라고 했더니 숙제가 없다는 거예요. 일기 쓰기, 독서록 쓰기는 제가 알고 있는 고정 숙제이고, 매일매일 풀어야 하는 한자와 수학 학습지도 있는데 말이에요. 그래서 제가 알려주면 그제야 "아, 맞다. 잊어버렸어요"라며 숙제를 시작하죠. 그러고는 수학만 하고 나와서 의기양양하게 "다 했어요! 게임해도 되죠?"라는 거예요. 그래서 한자와 일기 쓰기도 해야 한다고 하니까 또 한자만 하고 나오고, 일기 쓰기도 남았다고 하니까 "아까는 그거 말 안 했는데 왜 지금은 하라고 하는 거야. 게임은 언제 하라고!"라며 울상인 거예요. 똑같은 말을 몇 번이나 해야 되는지 몰라요. 근데 이런 일이 하루이틀이 아니에요. 하기 싫으니까 잊어버린 척하다가 제가 안

챙기면 슬쩍 넘어가려고 하는 것 같아요.

　주의산만한 자녀를 둔 부모 중에는 영우 엄마처럼 생각하는 분이 많습니다. 매일 해야 할 일, 혹은 요일별로 정해져 있는 일에 대해 잊어버리는 것은 있을 수 없다고 생각하는 것입니다. 하지만 주의산만한 아이는 해야 할 일을 잊어버립니다. 완전히 잊어버려서 아예 기억 속에 없다는 것이 아닙니다. 현재 재미있는 일을 하고 있으면, 그리고 앞으로 신나는 게임을 할 예정이면 그것에 몰두해서 덜 재미있는 과제에는 미처 신경을 쓰지 못하는 것뿐입니다.

　그래도 부모 중 한 분이 집에서 자녀 양육을 전담하면, 아이와 실랑이를 벌이는 한이 있더라도 그때그때 챙겨줄 수 있습니다. 하지만 부모가 모두 직장 생활을 하는 경우, 학교가 끝나면 아이 혼자 학원에 가야 하는데 놀다가 학원에 늦거나 빠지곤 합니다. 전화로 해야 할 일들을 일러주어도 부모가 퇴근하고 확인해보면 일부만 해놨거나 아무것도 해놓지 않은 경우가 비일비재합니다. 부모는 퇴근하자마자 아이와 즐거운 시간을 보내기는커녕, 일단 화부터 낸 후 서로 기분 나쁜 상태로 시무룩한 아이를 앉혀놓고 숙제를 시킵니다.

　부모 중 한 분이 자녀 양육을 전담하는 경우라도 할 일을 챙겨줄 수는 있지만 아이와 실랑이를 벌이느라고 진이 빠지고 결국 기분 나쁜 상태로 시무룩한 아이를 앉혀놓고 숙제를 시키는 것은 비슷합니다. 부모의 따가운 눈초리 아래 속상한 기분으로 공부를 하는데 그 내용이 머릿속에 잘 들어올 리 없습니다.

한꺼번에 많은 정보가 제공되면 주의산만한 아이는 이를 기억하지 못합니다. 그래서 부모가 그날 할 일을 한꺼번에 말해주면 1개 혹은 많아야 2개 정도만 기억할 수 있습니다. 한꺼번에 기억할 수 있는 양이 적은 것이 주의산만한 아이의 특징입니다.

이렇게 설명하면 반박하는 부모도 있습니다.

"예전에 제가 시험 100점 받으면 놀이공원에 데려가 준다고 말한 적이 있어요. 솔직히 저도 언제 그런 얘기를 했는지 정확하게 기억이 안 나요. 그런데 얼마 전에 우리 아이가 받아쓰기 100점을 받아와서는 약속했으니까 놀이공원에 가자고 그러는 거예요. 옛날에 지나가는 식으로 말한 것도 기억하면서 왜 오늘 숙제는 기억 못하는 거죠?"

그것은 즐거움의 차이입니다. 즐거움이 기대되는 일은 애쓰지 않아도 잘 기억합니다. 재미없고 즐겁지 않은 것은 기억도 안 나고 관심도 안 생깁니다. 주의집중력이 부족한 아이는 이런 현상이 극단적으로 나타납니다. 그래서 공부나 학습을 해야 하는 일은 다른 여건에 의해서 재미있어지지 않는 한 해야 한다는 것을 잊어버립니다.

공부는 재미없는 것이므로 아이가 스스로 기억할 가능성이 적다는 것을 인정해주세요. 기억하기 어려울 때 대안으로 메모를 하는 것처럼 주의산만한 아이에게도 부모가 메모장 대신 하나씩 알려주거나, 진짜로 메모지를 붙이는 것으로 이를 보완해야 합니다.

🔶 해결법1 : 하나씩 알려주기

물론 과제를 시작하기 전에 그날 해야 할 일을 모두 알려주어야 합니다. 아이에게 해야 할 일이 무엇인지 스스로 생각하게 하면 더욱 좋습니다. 먼저 해야 할 일 모두를 알려준 후 가장 우선순위로 해야 할 일을 하나씩 알려주세요.

"자, 그럼 영어 숙제 먼저 시작하자. 끝나면 엄마에게 와서 다 했다고 알려줘."

영어 숙제를 마친 후 숙제를 자랑스럽게 내 보이는 아이에게는 충분히 칭찬해줍니다.

"우와, 숙제 다 한 거야? 어디 보자, 선생님이 내주신 숙제를 끝까지 다 했구나? 멋지다. 자, 멋진 아들을 위해서 엄마가 간식을 준비했지."

맛있게 간식을 먹으면서 충분히 칭찬을 해준 후, 그 다음 일을 알려주세요.

"그럼 이제 수학 학습지 시작해볼까? 이것도 멋지게 끝낼 수 있지?"

해야 할 일이 2개 이상 남았다면 어떤 것을 먼저 할지 선택하게 해도 좋습니다. 자신에게 결정권이 있다고 생각하면 자신감이 생기고 기분이 좋아져서 과제에 더욱 집중할 수 있으니까요.

그런데 가끔 우선순위를 바꿔야 할 때가 있습니다. 다음 사례를 보고 실제로 활용해 봅시다.

상황 : 일기 쓰기를 숙제보다 먼저?

영어 숙제를 마친 오후 5시쯤, 수학 학습지 풀기와 일기 쓰기 숙제가 남은 상황입니다. 주의산만하고 수학 풀기를 싫어하는 태완이가 일기 쓰기를 먼저 하겠다고 하면 뭐라고 답하겠습니까?

해결법 : '언제', '순서'가 중요치 않다

주의산만한 아이는 부모에게 칭찬 듣는 재미에 힘을 얻어서 재미없는 공부나 숙제를 하기도 하지만, 사소한 어려움이나 갈등이 생기면 금방 싫증내고 안 하려고 합니다.

일기란 하루 일과를 마치고 그날을 정리하면서 쓰는 글이므로 저녁이나 밤에 쓰는 것이 일반적입니다. 하지만 태완이 같은 아이에게 그러한 일반적인 논리를 강조하면서 수학 학습지를 먼저 풀도록 하면 금방 짜증을 낼 것입니다. 수학 학습지 풀기를 미루고 싶은 욕구가 좌절되었기 때문이지요. 그 문제로 부모와 실랑이를 하다 보면 일기 쓰기조차 하지 않겠다고 할 수 있습니다.

주의집중에 어려움을 겪는 아이가 하고 싶은 마음을 표현했을 때는 즉각 하도록 격려해주는 것이 좋습니다. 일기를 '언제' 쓰는 것에 초점을 두지 마세요. 아이가 거부감 없이 일기를 '쓰는' 것이 더욱 중요합니다.

◆ 해결법2 : 스스로 한 일을 확인하기

한 가지 과제를 끝낼 때마다 부모에게 자랑하는 것이 아이나 부모에게 모두 번거로운 일이 될 수도 있습니다. 아이가 자신이 해야 할 일 몇 가지를 한꺼번에 기억할 수 있게 되는 긍정적인 결과가 그것입니다. 그런데 그렇지 않은 경우도 있습니다. 바로 자신이 해야 할 일을 다 안 해놓고도 '일일이 엄마한테 가서 확인을 받는 게 귀찮다'고 생각하는 것입니다. 때로는 부모가 아이의 과제를 계속 확인해주는 것이 귀찮을 수도 있습니다. 이런 경우라면 부모가 마음을 다잡아야 합니다.

어느 순간 아이가 과제를 하나씩 할 때마다 확인을 받지 않는다면 재촉하지 말고 그냥 두어보기 바랍니다. 혼자 알아서 잘하고 있는 긍정적인 결과일 수도 있기 때문입니다.

긍정적인 결과가 아니거나, 혹은 혼자 알아서 잘하더라도 한두 가지 할 일을 잊을 수도 있습니다. 그때 목록 만들기를 하면 좋습니다. 이 방법은 이것 했다 저것 했다 하는 아이에게 사용했던 방법으로, 앞에서 소개하였습니다. 똑같은 방식으로 해야 할 일을 목록화해서 한 일을 죽 지워 나가면 됩니다.

그런데 아이 스스로 이를 확인하게 하려면 좀더 강렬한 인상을 주는 방식을 권합니다. 탈부착이 가능한 메모지 한 장에 해야 할 일 한 가지씩을 적고 그 메모지를 냉장고나 게시판 등 잘 보이는 곳에 주르륵 붙여놓는 것입니다. 아이는 해야 할 일을 메모지에서 보고 다 끝내면 메모지를 뜯어서 버립니다. 종이비행기를 접어 휙 날려버릴 수도 있고, 박박 찢어서 상자에 모을 수도 있습니다. 해야 할 일이 적힌 종이가 하나씩 없어지는 것을 보는 것이나, 과제 완수를 한 기념으로 찢는 것만으로도 아이는 즐거울 수 있습니다. 박박 찢긴 종이가 상자에 쌓일수록 '내가 이렇게 공부를 많이 했어'라며 성취감을 느낄 수도 있겠지요. 강렬한 자극을 바라는 주의산만한 아이에게는 이러한 소소한 기쁨이라도 있어야 지루한 공부를 견뎌낼 수 있습니다.

분명히 공부한 내용인데 시험에서 틀려요

주의산만한 아이는 공부한 것을 잘 기억 못할 때가 있습니다. 얼마 전에 가르쳐준 내용인데도 아이가 모르겠다고 하면 부모는 당황하게 마련입니다. 다음은 이영이 아빠의 사연입니다.

> 이영이가 수학 단원평가를 보고 왔는데 3개 틀려서 왔어요. 시험 볼 때마다 실수를 하는 편이어서 또 그러려니 했다가 혹시나 해서 뭘 틀렸는지 물어봤더니 '원기둥'을 '기둥'이라고 써서 틀렸다는 거예요. 그러면서 "그거 기둥 모양이 맞는데 이상하다"고 합니다. 그런데 이 문제는 제가 전날 이영이한테 가르쳐준 거였어요. 그래서 "어제 아빠가 알려줬잖아"라고 했더니 이영이는 안 가르쳐줬다면서 "상가에 있는 기둥 모양이랑 똑같아서 기둥이라고 썼어"라고 합니다. 참고서를 들고 와서 가르쳐준 흔적을 보여주니까 "기억이 안 나"라고 잡아떼네요. 이렇게 억지를 부리는데 어떻게 할 도리가 없더라고요. 시간 내서 시험 준비를 같이 한 보람도 없고요.

어제 함께 앉아서 공부한 내용인데 오늘 치른 단원평가에서 틀리고, 어제는 곧잘 풀던 문제를 오늘은 어떻게 푸는지 모르겠다며 어려워하고 ……. 이 역시 주의산만한 아이에게서 자주 관찰되는 일입니다. 부모는 이런 일이 반복되면 "가르쳐줬는데 왜 모르니?", "어제는 잘 풀었는데 오늘은 왜 못해?", "너, 알면서 하기 싫어서 그러는 거지?", "실수로 틀렸다고 하면 또 혼나니까 모르는 척하는 거지?"라고 아이를 타박하게 됩니다.

부모의 짐작대로, 하기 싫어서 혹은 실수로 틀렸다고 하면 혼나니까 모른다고 할 수도 있습니다. 하지만 많은 경우 실제로 기억이 안 날 가능성이 있습니다. 주의집중력이 부족한 아이는 빠르게 기억하지 못하고, 기억한 것을 오래 유지하지 못하는 경향이 있습니다.

여기서 잠깐 기억에 대해서 알아보겠습니다. 우리가 한 번 보거나 들은 것을 잠시 잠깐 기억하는 것을 '감각기억'이라고 합니다. 시각이나 청각으로 들어온 정보를 감각적으로 잠시 기억하는 것이지요. 감각기억에 들어온 정보는 대부분 1~2초 정도만 유지되고 사라집니다.

감각기억에 들어온 정보 중에 주의를 기울인 어떤 것들은 단기기억이 됩니다. 어떤 정보를 아주 오래 기억하지는 않더라도 필요한 시간 동안 기억하고 있는 것은 그 정보가 단기기억으로 전환되었기 때문입니다. 예를 들어 전화번호나 친구네 집 번호 키의 번호를 잠깐 보고 그 번호를 그대로 누르는 것은 단기기억 속에 그 번호가 저장되었기 때문입니다. 그 번호를 자주 쓰거나 아니면 어딘가에 써놓고 여러 번 반복해서 보면 그 번호가 외워집니다. 이것은 그 번호가 장기기억으로 넘어간 것입니다. 그렇게 외운 번호는 애써 전화번호부나 메모를 찾지 않아도 바로 번호를 누를 수 있게 됩니다.

그런데 장기기억에 저장된 정보라도 오랫동안 사용하지 않으면 다시 잊어버립니다. 인지심리학자들은 이것을 가리켜 저장된 정보를 찾지 못해 나오지 않는 것이라고 설명합니다. 우리가 잘 사용하지 않는 귀한 물건을 잘 보관해둔 것까지는 기억하는데 막상 그 물건이 필요할 때면 어디 있는지 찾지 못하는 것과 비슷합니다. 하지만 늘 사용하는 물건은 어디에 있는지 항상 기억이 납니다. 자주 사용하기 때문이지요.

정보를 기억하고 꺼내는 과정은 위의 설명보다 훨씬 더 복잡하고 다양합니다. 하지만 여기서 설명하려는 것은 새로운 정보에 대한 기억이 한 번 들어서, 혹은 한 번 보아서 완전히 알게 되는 것은 아니라는 점입니다.

다시 자녀의 학습 상황으로 돌아와서 주의산만한 아이가 공부한 것을 잘 기억하지 못하는 이유를 앞의 설명을 바탕으로 생각해보겠습니다.

- 주의산만한 아이는 주의력이 부족하므로 감각기억에 들어온 정보가 단기기억으로 잘 전환되지 않는다.
- 주의산만한 아이는 새로운 것에 대한 추구가 강한 반면, 반복적이고 지루한 것은 참지 못하므로 단기기억으로 들어온 정보를 반복하여 살피지 않아 장기기억으로 전환되기 어렵다.
- 주의산만한 아이는 학습을 시키는 것 자체가 쉽지 않다. 그러다 보니 복습 양이 현저히 줄어들게 된다. 결국 장기기억으로 전환된 내용을 자주 사용하지 못하게 되어서 필요할 때 기억하는 것이 어렵다.

부모가 볼 때 자녀가 배우는 내용은 매우 간단합니다. 별것 아닙니다. 그래서 이렇게 쉬운 내용을 아이가 기억하지 못한다는 것을 이해하지 못합니다. 그래서 처음부터 충분히 설명해주지 않고, 반복해서 알려주지 않는 경우가 있습니다. 하지만 아이 입장에서는 배우고 기억하기 위해서는 적절한 설명을 반복해서 들어야 합니다.

그러면 어떻게 해야 아이가 기억을 잘할 수 있도록 도울 수 있을까요?

● 해결법1 : 잊어버리는 것은 당연

기억을 잘할 수 있는 방법을 소개하는 것이 아니라 잊어버릴 것을 당연하게 생각하라고 하니 실망스러울 수도 있겠습니다. 하지만 이런 마음가짐을 가져야 다음에 제시하는 내용을 더 잘 이행할 수 있습니다. 기억 못할 것이라고 생각하면 방금 말한 것을 아이가 잊는다 해도 크게 화를 내거나 혼내지 않게 됩니다. 그러면 아이와의 관계가 원만하게 유지되고, 아이의 기분도 크게 나쁘지 않습니다.

아이가 기분이 안 좋거나 불안한 상태라면 새로운 내용에 주의를 기울이는 것이 더욱 어려워집니다. 그러다 보면 단기기억, 장기기억으로 갈 수 있는 정보의 양이 더욱 줄어듭니다. 가뜩이나 주의력이 부족한 아이인데 기분 문제로 주의력을 더 부족하게 만들면 안 되겠지요.

망각 곡선이라는 것이 있습니다. 에빙하우스라는 학자가 실험한 결과를 그래프로 나타낸 것입니다. 무의미 철자를 완전히 외우게 한 후 어느 정도 시간이 지났을 때 얼마나 기억하고 있는지를 나타낸 것입니다. 한 시간이 지나면 외운 것의 50퍼센트 이상을 잊어버리고, 하루가 지나면 30퍼센트가 채 안 남습니다. 이는 일반적인 성인을 대상으로 한 연구입니다.

물론 의미 있는 것이나 맥락이 있는 것이나 기존에 알고 있던 내용이 포함되면 잊어버리는 양은 더 적어질 것입니다. 하지만 아이가 처음 배우는 한글이나 알파벳, 영어 단어, 연산 기호, 부등호 기호, 도형의 이름 같은 것은 어떤 의미에서는 무의미 철자와 비슷하지 않을까요? 그렇다면 하루 지나서 기억하지 못하는 것은 어쩌면 당연한 일일 것입니다.

🔷 해결법2 : 상징은 기억하기 어렵다

한글은 소리 나는 대로 쓰면 되니까 철자를 틀리는 것이 이해가 되지 않는다고 생각할 수 있습니다. 그런데 특정 소리를 어떻게 표현할 것인지는 세종대왕이 정한 것입니다. 즉, 한글도 상징이지요. 영어나 숫자도 상징입니다. 1개만 있는 것을 '1'이라고 표현하기로 인류가 오랜 시간 살아오면서 정한 것입니다. 없는 것을 '0'이라고 표현하기로 한 것은 더욱 상징적인 것입니다. 간혹 아이가 숫자를 배울 때 11을 101로 쓰는 경우가 있습니다. '십(10)일(1)'이니까 101이라고 쓴 것이지요. 101은 '11'이 아니라 '101'이라고 알려주면 그 말을 이해하기 어려워할 수도 있습니다.

◆ 해결법3 : 반복해서 알려주기

　주의산만한 아이는 자신이 완벽히 숙지할 때까지 과제를 반복하지 않습니다. 뭔가 정해진 가시적 수행을 다 끝내고 나면 자신이 할 일을 다 했다고 생각하는 것이지요. 그러므로 반복할 수 있도록 도와주어야 합니다. 앉은 자리에서 여러 번 설명하라는 말이 아닙니다. 그런 방법은 아이의 학습 흥미를 떨어트립니다. 주의산만한 아이는 설명에 집중하는 시간이 짧고, 한 번에 받아들일 수 있는 정보의 양도 적기 때문입니다.

　어제 공부한 부분을 오늘 다시 공부한다든지, 어제 공부한 부분을 오늘 문제로 풀면서 잊어버린 내용을 다시 가르쳐주는 식으로 반복하는 것이 좋습니다. 잊어버렸을 것이라 생각한 내용을 아이가 기억하고 있다면 칭찬도 덤으로 해줄 수 있을 것입니다. 기억한 것에 대해 칭찬을 들으면 다음부터는 배운 것을 기억하려고 더 집중하게 되고, 혹시 기억하지 못하더라도 혼나지 않으니 기억 못하는 것에 대한 불안감은 적어질 것입니다.

● 해결법4 : 직접 설명하게 하기

설명하기는 기존의 학습법에서 자신이 알고 있는 것을 확실히 다질 수 있는 방법으로 많이 사용됩니다. 특히 올바른 답을 쓴 것에 대해서는 더욱 그렇습니다.

아이에게 맞은 문제에 대해서 설명해보게 하세요. 설명하려면 생각을 해야 하는데 생각하는 과정에서 기억을 되살릴 수 있고 생각한 결과를 말하면서 다시 한 번 내용을 떠올릴 수 있습니다. 자연스럽게 내용을 반복적으로 숙지하는 것입니다. 맞힌 문제는 비교적 정확하게 설명할 수 있고, 그러면 또 칭찬을 받습니다. 말이 많고 말하기를 좋아하는 아이는 이렇게 설명을 하고 부모가 그 설명에 대해 칭찬해주면 으쓱해하면서 또 말하고 싶어합니다.

"와! 시헌이의 설명을 들으니까 쏙쏙 이해가 되는데! 참 잘 알고 있구나!"

하지만 올바른 답을 쓴 모든 문제를 설명하게 하지는 마세요. 아이가 자발적으로 더 설명하고 싶어하면 들어주되 "이 문제도 설명해 봐"라고 부모가 자꾸 시키면 하기 싫어질 수 있으니까요. 또 알긴 아는데 설명하기 어려운 문제를 자꾸 설명해보라고 하면 좌절감에 빠질지도 모릅니다.

또한 틀린 답을 쓴 문제도 설명해보게 하세요.

"이 문제는 어떻게 풀었는지 설명해줄래?"

틀린 답을 설명할 때에는 아이의 설명을 끝까지 들어주세요. 가끔은 내용이 틀렸더라도 논리적으로 맞는 경우가 있고, 때로는 부모가 설명한 것을 잘못 이해한 경우도 있기 때문입니다. 이해하기 쉬우라고 알기 쉽게 표현한 것을 그대로 시험지에 적어서 틀릴 때도 있습니다.

제가 어떤 아이에게 직각을 알려줄 때 90도라는 개념을 아직 모르길래 "선 2개가 네모가 되는 것처럼 있는 것을 직각이라고 한다"라고 설명했습니다. 그런데 문제 풀이를 할 때 '직각'이라고 써야 할 곳에 '네모 모양이 된 것'이라고 적어 넣더라고요. 그러면 이 아이가 잘못 안 것일까요? 아이는 제가 알려준 여러 설명 중 하나를 쓴 것뿐입니다. 제가 정확하게 가르쳐주지 못한 것이지요.

틀린 답에 대한 아이의 설명을 잘 듣고 저처럼 충분히 정확하게 설명하지 못한 것은 잘못되었다고 솔직히 시인해주세요. 그런 후 다음에는 어떤 답을 써야 하는지 알려주면 됩니다.

내용이 틀렸더라도 논리적으로 맞는 경우에는 맞는 부분에 대해서 잘 생각했다고 칭찬해주고 내용을 수정해주세요.

부모가 설명한 것을 잘못 이해한 경우에는 아이가 잘못 이해했을 수 있음을 인정하고 다시 한 번 설명해주세요.

"아, 내 말을 그렇게 이해했구나. 그 말은 이런 뜻이었어."

알맞게 설명하면 충분히 칭찬해주고 잘못된 부분에 대해서는 수

정해주세요. 그런데 이것보다 선행되어야 할 것이 있습니다. 맞든 틀리든 애써서 설명한 것 자체에 대해서 많이 칭찬해주는 것입니다.

만약 잘못 설명했다고 꾸중이나 비난을 하면 아이는 올바른 내용을 기억하기보다는 '이 문제는 나는 못 풀겠네'라고 생각하거나 '내가 공부를 못해서 엄마가 나를 미워하는구나'라고 생각할 수 있습니다. 그러면 학습의 흥미는 떨어지겠지요.

설명하면서 내용을 완전히 익힌다

다 알고 있는 내용을 자꾸 실수해서 틀려요

주의산만한 아이는 시험을 볼 때 곧잘 실수를 하곤 합니다. 부모 입장에서는 아이가 다 알고 있는 내용인데 실수를 하니 안타까울 따름이지요. 다음은 호진이 엄마의 이야기입니다.

> 호진이는 수에 대한 감각이 있어요. 덧셈이나 뺄셈 같은 것은 대충 가르쳐줬는데도 척척 해내는 것을 보고 대단하다고 생각했죠. 그런데 수학 단원평가를 보면 꼭 두세 문제씩 틀려오는 거예요. 왜 틀렸는지 살펴보면 덧셈 문제에서 뺄셈을 하거나, 받아올림이나 받아내림을 해야 할 것을 하지 않거나, 하지 말아야 할 것을 해요. 한번은 덧셈과 뺄셈이 섞인 문제가 ①번부터 ⑤번까지 제시되어 있고, 그 답이 큰 것부터 순서대로 쓰라는 문제가 있었는데, 계산은 정확히 해놓고 답을 틀렸습니다. 답이 작은 것부터 순서대로 쓴 거지요. 이 문제는 답이 큰 것부터 써야 된다고 알려주니까 문제를 다시 보고는 "어? 그러네?"라고 말하고는 깔깔대는 거예요. 자신이 한 실수가 웃기다나요? 안타까워하기는커녕 재미있다고 웃고 있으니 어이가 없더군요. 이쯤 되면 잘해보려는 의지가 없는 것 아닌가요?

주의산만한 아이는 공부한 것을 기억하지 못해서 틀리는 경우도 있지만, 실수로 틀리는 경우도 많습니다. 글을 쓸 때 철자법 실수를 하는 경우, 계산에서 실수하는 경우, 문제를 잘못 읽는 실수를 하는 경우가 종종 발생합니다. 자녀가 이런 실수를 자주 할 때 부모는 아이 옆에 앉아서 문제 푸는 것을 지켜보다가 실수할 때마다 지적하는 경우가 많습니다.

"문제를 정확히 읽어야지."

"글자 틀렸네. 다시 써봐."

"계산 똑바로 해야지."

집에서는 이런 방법으로라도 고칠 수 있지만, 학교 시험에서는 실수했다고 봐주지 않으므로 틀린 문제로 처리됩니다. 분명히 아이가 맞힐 수 있는 문제를 틀리면 부모는 안타까워합니다. 그런데 아이는 별다른 속상함이나 거리낌없이 "엄마, 나 70점 받았어"라고 해맑게 말해 부모의 화를 돋웁니다. 그래서 한마디하지요.

"몰라서 틀릴 수는 있지만 실수해서 틀리는 건 안 돼!"

"왜 문제 풀 때 정신 안 차려?"

아이를 혼내면 다음부터는 그렇게 하지 않으리라 기대합니다. 그런데 주의산만한 아이는 그렇게 혼나고 주의를 듣는다고 다음부터 조심하고 집중하지 않습니다. 그러면 주의산만한 우리 아이의 실수를 어떻게 줄여야 할까요?

◆ 해결법1 : 실수 인정하기

모든 사람은 실수를 합니다. 부모 역시 학창 시절에 답을 잘못 옮겨 적거나 문제를 잘못 읽어서 틀린 경험이 있을 것입니다. 집중력이 좋은 아이도 실수를 하는데 주의산만한 아이는 더하겠지요. 너무 잦은 실수를 해서 점수가 안 나오면 문제가 되지만, 1~2개 정도 실수하는 것은 그럴 수도 있다고 생각해주세요.

제가 여기서 말을 맺으면 다음과 같이 말할 부모도 있을 것입니다. "그럴 수도 있다고 하면 앞으로 1~2개 실수하는 걸 아이가 당연하게 생각하지 않을까요? 그러면 늘 점수가 낮게 나올 텐데?"

그럴 수 있습니다. 그래서 다음 부분에서 실수를 줄이려는 동기를 높이는 방법에 대해 살펴보겠습니다. 그래도 기본적으로 부모는 아이가 실수할 수 있다고 인정해야 합니다.

◆ 해결법2 : 수정할 기회 주기

아이가 철자법을 틀렸다면 다시 고칠 수 있는 기회를 주세요. 아이가 문제를 틀려오면 틀린 문제를 다시 한 번 찬찬히 보고 풀어보게 하세요. 추가 설명을 하거나 가르쳐주지 않았는데도 정확하게 수정했다면 제대로 알고 있다는 것입니다. 그것을 인정해주면 됩니다.

시험 문제에서 실수로 틀린 문제는 다른 종이에 문제만 따로 적어주는 것이 좋습니다. 동일한 시험지에 다시 풀면 주변에 낙서한 것을 그대로 활용해서 문제를 풀기 때문에 똑같은 실수를 할 수 있기 때문입니다. 때로는 다른 종이에 적힌 문제를 새로운 문제라고 생각하기도 합니다.

실수로 틀린 문제를 다시 풀어서 정답을 맞혔다면, 그것도 맞은 것으로 해서 점수를 새로 계산해주세요. 그러면 아이는 2개의 점수를 받게 됩니다. 하나는 실수가 반영된 시험 점수이고, 또 하나는 자신의 능력이 반영된 점수입니다. 이것을 편의상 능력 점수라고 합시다. 실수를 해서 틀렸다면 당연히 시험 점수보다 능력 점수가 높을 것입니다. 게다가 틀린 문제만 다시 풀었으니 능력 점수는 당연히 올라가겠지요. 그러면 다시 계산한 높은 점수를 칭찬해주세요.

"우와, 시험 문제 중에 호진이가 몰랐던 것은 딱 한 문제밖에 없구나. 호진이가 공부를 열심히 했네."

그리고는 한마디 덧붙여주세요.

"근데 선생님이랑 친구들은 호진이가 이렇게 공부를 열심히 한 걸 모르고 있겠다."

"선생님은 호진이가 95점만큼 공부한 줄 모르고 70점만큼만 공부했다고 알고 있겠다."

그리고는 또 한마디 덧붙여주세요.

"그래도 엄마는 호진이가 공부를 열심히 한 걸 알아. 다음에는 선생님도 아실 수 있게 해보자."

부모는 아이의 진짜 능력을 알아보고 인정해줄 수 있지만, 사회에서는 객관적으로 드러나는 점수로 사람을 판단합니다. 그래서 부모는 아이가 받아오는 '점수'에 민감해지게 마련입니다. 아이가 기대보다 낮은 점수를 받았을 때 부모는 이를 민감하게 받아들여 속상함을 표시할 수도 있습니다. 하지만 아이는 부모가 자신에게 실망했다고 받아들이게 됩니다.

진짜 능력 알아주기

엄마아빠를 실망시키지 않으려고 더 노력하는 아이도 있습니다. 하지만 그 시작은 부모가 현재 자신에게 실망하고 있다는 부담감과 불안감에서 출발합니다. 특히 주의산만한 아이는 그런 마음이 있어도 실제 행동이 따르지 않는 경우가 많습니다. 그래서 또다시 부모를 실망시키고, 그것이 반복되면 자신감이 없어지고, 자신을 미움받는 아이라고 생각하기도 합니다.

부모가 자신의 진짜 실력을 인정해준다는 믿음이 있으면 심리적으로 안심이 됩니다. 그리고 이런 부모의 인정이 허황되고 막연한 것이 아니라 실제 틀린 문제 풀이의 결과를 가지고 인정해준 것이므로 사실로 받아들입니다. 그 사실은 아이 스스로도 받아들일 수 있는 객관적인 것이므로 자신감을 가지게 됩니다.

또한 부모가 틀린 문제 풀이 결과를 가지고 시험 점수와 능력 점수의 차이를 안타까워한다는 것도 알게 됩니다. 그 사실은 아이 스스로도 인정할 수밖에 없는 객관적인 것이므로 아이 역시 시험 점수와 능력 점수의 차이를 안타까워하게 됩니다. 이렇게 되면 스스로도 다음엔 더 좋은 점수를 받고 싶은 마음을 가질 것입니다.

● 해결법3 : 실수하는 부분 정확히 알려주기

부모와 자녀 간에 신뢰가 쌓이고 아이 <u>스스로도</u> 더 좋은 점수를 받으려는 욕심이 생기면 실수의 종류에 대해서 이야기해 볼 수 있습니다. 반복적으로 나타나는 실수를 방지하기 위한 대책을 함께 강구하는 것입니다. 그리고 함께 반복해서 연습을 해봅니다.

실수가 여러 가지라면 우선순위를 정해서 순차적으로 하나씩만 강조하는 것이 필요합니다. 예를 들어 수학 문제를 풀 때 받아올림을 자꾸 잊어버린다면, 집에서 수학 문제를 풀기 전에 미리 말해줍니다.

"호진이는 받아올림을 잊어버려서 틀릴 때가 있어. 문제 풀면서 받아올림을 했는지 꼭 확인하자."

그리고 중간에도 한 번씩 "받아올림을 확인하자"라고 짧게 말하거나 아이와 번갈아 가면서 말해도 좋습니다. 이는 일종의 'THINK ALOUD' 방법입니다. 해야 한다고 생각하는 것을 소리 내어 말함으로써 자각의 수준을 높여 실천력을 증가시키는 것입니다.

이렇게 확인한 후 실제로 실수가 줄어든다면 아낌없이 칭찬해주세요.

"받아올림을 확인하면서 풀었더니 다 맞혔네!"

실제로 자신의 실수가 줄어드는 것을 아이가 확인하고 만족을 느끼게 되면 그 자체로 자발적인 보상이 됩니다. 만족감, 성취감, 자신감이 생기는 것입니다. 이렇게 스스로 느끼는 만족감은 주의산만한 아이에게 강한 자극이 됩니다. 혼내는 방법으로 실수를 줄이기보다는 자발적인 만족감을 느낄 수 있게 도와주세요. 아이 스스로 실수를 줄여갈 것입니다.

숙제를 하기는 하는데 엉망으로 해요

주의산만한 아이가 해놓은 숙제를 보면 허술한 곳이 눈에 띕니다. 글씨를 알아보기 어렵거나 문장을 건성으로 써놓는 등 어른이 보기에는 엉망인 경우가 많습니다. 다음은 은하 엄마의 이야기입니다.

은하 일기장을 보고 깜짝 놀랐어요. 뭔가를 잔뜩 써놨는데 뭐라고 썼는지 도무지 읽을 수가 없고, 글자 크기도 제각각이어서 어느 줄을 따라서 읽어야 할지 모르겠더라고요. 맞춤법이나 띄어쓰기에는 전혀 신경을 안 쓰는 것 같았습니다. 일기라고 쓴 것이 아침에 일어나서 지금까지 한 일을 쭉 나열했을 뿐이고요. 잔소리하고 싶은 것을 참고 "이건 일기가 아니라 일정표구나"라고 한마디 했는데 은하는 아무 반응이 없더라고요. 화를 꾹 참으면서 "일기니까 느낀 점도 써야지"라고 했더니 그것도 썼다며 [오늘은 참 즐거운 하루였다.]라고 쓴 마지막 문장을 가리킵니다.

"뭐가 즐거웠는데?"

"오늘 다~ 즐거웠지."

"좀더 구체적으로 써야지. 글씨도 알아볼 수 있게 다시 써보자"라고 했더니 울상이 되는 겁니다.

힘들게 일기 쓰기 숙제를 다 끝냈는데 왜 또 하라고 하냐며 짜증을 내기 시작합니다. 내 딴에는 도와주려고 한 건데 그렇게 짜증을 내니 은하가 야속하기도 하고 걱정도 됩니다.

주의산만한 아이가 글씨를 엉망으로 쓰거나 일기 쓰기를 할 때 일상을 나열하기만 한다는 걱정을 자주 듣습니다. 수학 문제집을 풀 때도 세로 셈의 경우 줄을 맞추지 않고 계산하거나 서술형 문제는 읽어보지도 않고 무조건 모른다며 별을 그려놓기도 합니다. 그러고는 할 일을 다 끝냈다고 칭찬해 달라고 한다는 것입니다.

잘못한 것을 고치거나 글씨를 조금 똑바로 쓸 것을 요구하면 온갖 짜증을 내서 더 하라고도 못하겠다며 한숨 쉬는 부모도 많습니다. 그냥 두자니 나아지는 것이 없어서 걱정이고, 다시 하게 하자니 아이가 너무 싫어해서 관계가 나빠질 것 같아 걱정이 되는 상황에 처하게 된다는 것입니다.

이런 상황에서는 어떻게 해야 할까요? 여기에서는 일기 쓰기의 예를 들어서 설명하도록 하겠습니다.

● 해결법 1 : 예시 '일기 쓰기'

'일기 쓰기'를 목표로 하라고 하면 부모는 당연하게 '일기를 제대로 쓰는 것'을 생각합니다. 그런데 부모가 표현하는 '제대로'라는 부사는 다른 말로 '일기에서 요구되는 모든 부분에 하나도 빠짐없이 신경을 써서 쓰는 것', '수정할 필요가 없고 누가 봐도 훌륭하다고 평가할 수 있는 것'이라는 의미가 포함되어 있습니다. 이걸 더욱 구체적으로 표현하면 다음과 같습니다.

부모가 생각하는 '일기 쓰기'

- 일기에는 주제가 될 만한 그날의 핵심 사건이 포함되어야 한다.
- 핵심 사건에 대해 다른 사람이 이해할 수 있게 잘 설명해야 한다.
- 핵심 사건을 통해서 알게 된 새로운 내용이나 감상, 자신의 느낌이나 교훈 등이 포함되어야 한다.
- 일기에 쓰는 글씨는 예쁘고 반듯하고 크기가 일정해야 한다.
- 일기에는 철자법의 오류가 없어야 한다.
- 일기의 분량은 너무 짧지 않아야 한다.

모든 부모들이 위와 같은 생각을 하지는 않을 것입니다. 하지만 일기 쓰는 문제로 아이와 실랑이를 하고 있는 부모라면 적어도 위의 여섯 항목 중에 두 개 이상의 항목을 동시에 요구할 것입니다.

하지만 주의산만한 아이가 생각하는 '일기 제대로 쓰기'는 다음과 같습니다.

아이가 생각하는 '일기 쓰기'

– 일기는 검사받는 날의 전날 있었던 일 중 하나를 쓰는 것이다.

이처럼 일기 쓰기에 대한 기본 태도가 다르기 때문에 부모는 절대로 아이의 일기 쓰기에 만족할 수 없고, 아이는 절대로 부모가 기대하는 일기를 쓸 수 없는 것입니다.

"아이가 생각하는 일기를 쓰면 안 되는 건가요?"라고 일기 쓰기를 고민하는 부모에게 물어본 적이 있습니다. 그 부모는 단호하게 대답했습니다.

"그런 생각으로 일기를 쓰면 발전이 없잖아요."

그 말은 맞습니다. 그런데 이때 간과된 것은 발전을 위해 부모가 생각하는 '일기 제대로 쓰기'를 요구하면 자신이 생각하는 '일기 제대로 쓰기'조차 하기 싫어진다는 것입니다. 일단 일기를 쓰는 행동을 해야 그 다음으로 나아갈 수 있습니다. 그러므로 아이의 일기 쓰기에 대해서도 칭찬해주세요. 글씨를 비뚤비뚤하게 쓰고, 오늘 한 일 중 하나만 써놓았더라도 일기 쓰기 숙제는 다 한 것이니까요. 아이 입장에서는 아무거나 썼는데 일기 쓰기 숙제를 했다고 인정을 받는다면 더 이상 일기 쓰기가 부담스럽지 않을 것입니다.

이런 소박한 목표만 가지고 "일기 쓰자"라고 하고 다 쓰면 칭찬해 주는 것만 반복했는데도 시간이 흐르자 점차 일기의 내용이 풍부해지고 길이도 길어졌다고 한 부모도 있습니다. 아이 스스로 '발전'한 것이지요.

칭찬은 일기도 쓰게 한다

🔶 해결법2 : 목표는 하나만

그냥 '일기 쓰기'만 했는데도 스스로 발전하는 경우도 있지만, 더이상의 발전이 없는 경우도 있습니다. 아이가 '일기 쓰기' 자체에 대해 부담을 갖지 않게 되면 그 다음에는 발전을 위한 목표 중 하나에만 초점을 두어 신경을 써줍니다.

예를 들어 일기의 분량이 너무 적고, 철자법도 올바르게 해야겠고, 일기 내용에 자신의 감정을 좀 넣으면 좋겠다는 생각이 들면, 이세 가지를 한꺼번에 이루려고 하지 마세요. 우선순위를 마음속으로 정한 후에 그중 하나만 집중적으로 발전시켜주면 됩니다.

일기 분량을 좀더 늘리기로 목표를 정했다고 해봅시다. 일단 일기 쓰기를 한 것에 대해서 먼저 칭찬을 해야겠지요?

"오늘도 일기 금방 다 썼구나. 이제는 혼자 척척 알아서 일기도 잘 쓰고 멋지다. 엄마가 한번 볼까?"

칭찬을 한 후 구체적인 사건을 이야기해주면서 쓰게 해주세요.

"오늘 은하가 한 일을 다 잘 썼구나. 근데 오늘 저녁에 뭘 먹었는지도 써보자. 나중에 오늘 뭐 먹었는지 궁금할 때 찾아볼 수 있잖아."

써야 할 내용을 알려주었고, 조금만 써도 될 것 같으므로 아이는 쓰는 것이 부담스럽지 않을 것입니다.

"은하가 뭘 먹었는지 쓰니까 한 줄이 더 늘어났네! 어제랑 비슷한 길이로 썼구나? 아주 잘했어. 오늘 일기 쓰기는 끝~."

목표가 분량을 늘리는 데 있으므로 분량이 늘어난 것을 반드시 칭찬해주어야 합니다. 이때 철자법이 틀렸거나 글씨가 비뚤비뚤하다고 지적하지 마세요. 이런 과정이 반복되면 아이는 분량을 늘리는 방법을 스스로 알게 됩니다. 어느 날 혼자서도 지난번보다 더 길게 썼다면 부모는 덧붙일 내용을 알려주지 말고 길게 쓴 것에 대해서만 칭찬해주세요. 그렇게 하나의 목표가 성취된 것입니다.

● 해결법3 : 구체적인 문장 제시하기

아이의 성취를 돕기 위해 부모가 구체적으로 제시할 수 있는 것만을 목표로 삼아야 합니다. 그날 사건에 대한 아이의 감정이나 교훈을 쓰게 하기 위해서 어떻게 해야 할지 모를 경우 감정이나 교훈이 포함된 일기 쓰기는 목표로 잡지 마세요.

주의산만한 아이에게 추상적인 주문을 하면 아이가 생각할 것들이 너무 많아집니다. "일기에는 자신의 감상이나 기분, 교훈이 포함되게 써야 해"라는 엄마의 말을 들은 아이의 머릿속을 상상해봅시다.

- '감상'이 무슨 뜻이지?
- '포함되게'라는 건 또 뭐지?
- 내 기분은 만날 다른데 그중에 어떤 걸 쓰지?
- 어디쯤에다가 그걸 써야 되지?

- 그걸 뭐라고 써야 하는 거지?
- 오늘 쓸 교훈 없는데 뭘 쓰지?

이렇게 생각할 것이 많아지면 주의산만한 아이는 생각하기를 그만두고 일단 아무것이나 쓰기 시작할 것입니다. 생각보다 행동이 앞서는 특성 때문입니다. 일기 쓰기와 상관없는 쪽으로 생각이 흘러갈 수도 있습니다. 그러면 일기는 쓰지 않고 멍하게 있는 모습만 관찰될 것입니다.

단순히 "여기에다 네 기분이 어땠는지도 써야지"라고 주문하는 것보다는 "친구랑 놀이터에서 놀 때 은하 기분이 어땠어?"라고 구체적으로 물어보아야 합니다. "재밌었어"라고 아이가 말하면 "그래? 그러면 '친구랑 놀이터에서 놀아서 정말 재밌었다'라고 쓰면 되겠다"라고 구체적인 문장을 알려주어야 합니다.

"몰라"라고 아이가 말하면 "그때 어땠는데? 재밌었어? 슬펐어?"라고 선택지를 주면 됩니다.

이렇게 구체적인 문장을 제시해주어야 아이와의 갈등을 최소화하여 목표를 이룰 수 있습니다.

숙제를 마치는 데 너무 오래 걸려요

앞부분에서도 숙제하는 데 시간이 너무 오래 걸리는 사례를 소개한 적이 있습니다. 그때 주변 환경을 정리하는 것과 부모가 지녀야 할 마음가짐에 대해 설명했습니다. 또한 과제가 늦게 끝나더라도 아이의 의사를 묻고 협상을 하는 등 노력을 기울여 아이와의 갈등을 최소화하는 것이 중요하다는 것도 언급하였습니다.

거의 매일 부모에게 혼나는 아이는 "숙제해야지"라고 엄마가 말하기만 해도 벌써 "힘들다, 많다, 하기 싫다"라고 말하며 징징거리기 시작합니다. 솔직히 그때는 부모도 숙제하지 말라고 말하고 싶을 것입니다. 하지만 그럴 수는 없고, 시작하자니 아이와 실랑이할 것이 겁이 납니다.

지금부터 숙제를 마치도록 돕는 구체적인 방법을 소개하겠습니다.

🔶 해결법1 : 분량 나눠주기

숙제가 많다고 징징거려서 실제로 숙제를 확인해보면 분량이 매우 적습니다.

"이게 뭐 많다고 그러니? 징징거릴 시간에 했으면 벌써 다 했겠다"라고 한소리 하면 남은 시간이 험난해집니다.

그 대신 다음과 같이 말해주세요.

"이걸 한꺼번에 다 하려니까 엄두가 안 나는구나?"

자신을 이해해주는 엄마의 말에 아이는 징징거리면서도 마음이 한결 편해집니다. 부모는 계속 위로해주면서 숙제는 꼭 해야 하는 것임을 슬쩍 언급합니다.

"그래도 해야 되는 거니까 일단 조금만 해볼까?"

그리고는 본격적인 분량 나누기를 시도합니다.

분량 나누기 방법

숙제가 [알림장에 적혀 있는 한글 문장 4개를 각각 다섯 번씩 쓰기]라면 일단 '한 문장을 한 번 쓰기'를 하는 것입니다.

"[비가 내립니다] 이거 한 번만 쓰자."

한 번 쓰고 나면 칭찬해주세요. 간식도 주고 위로도 해주세요.

5분 이상 숙제하라는 말은 하지 말고 칭찬과 위로를 충분히 해주다가 그 다음에는 [비가 내립니다]를 두 번 쓰는 것입니다.

그렇게 두 줄 쓰고 쉬고를 반복하다 보면 숙제가 끝나 있습니다. 숙제는 끝나 있지만 시간은 매우 오래 걸립니다. 이제까지 한꺼번에 숙제를 다 하라고 했던 것과 마찬가지로 오랜 시간이 걸립니다. 하지만 큰 차이가 있습니다. 쓰다 쉬다 할 때는 부모가 좀 피곤하고 귀찮지만 아이의 짜증은 덜하게 됩니다. 또 부모가 아이와 이야기도 하고 혼내지도 않으니까 아이 기분도 나쁘지 않습니다.

한꺼번에 숙제를 다 하라고 할 때는 부모도 계속 잔소리하고 아이도 징징거리면서 겨우겨우 합니다. 동일하게 3시간이 걸린다고 가정하면, 아이가 조금이라도 기분이 좋은 상태가 낫습니다. 분위기가 긍정적이니까요. 게다가 변수도 있습니다. 아이가 기분이 조금 나아지면 탄력을 받아서 한꺼번에 두 줄보다 더 많이 쓸 수도 있습니다. 그러면 시간도 단축됩니다.

분량을 나누어 과제의 일부분만 하게 되면 아이는 생각보다 과제 진도가 빨리 나간다는 것을 깨닫게 됩니다. 이런 경험이 쌓이면 과제에 대한 부담을 예전만큼 가지지 않습니다. 부담이 줄면 빨리 해치우기도 하지요.

◆ 해결법2 : 시간 나누기

처음에는 한 줄만 써보자고 했다면, 이번에는 5분 동안만 쓰기를 해보자고 합니다. 그리고 아이가 보는 앞에서 타이머를 맞춰주세요. 5분이 지나면 알람이 울리므로 부모가 조작할 수 없다는 것을 알려주는 것입니다. 그러면 일단 숙제를 시작할 것입니다.

그런데 생각보다 5분이란 시간이 깁니다. 어떤 아이들은 2~3분만에 하기 싫어할 수도 있습니다.

"아직도 5분 안 됐어요?"

그럼 당장 중지하고 시간이 얼마나 지났는지 알려주세요. 만약 2분 30초가 된 시점에 하기 싫다고 하면 다음에는 2분 동안만 숙제를 하게 합니다. 왜 2분 30초가 아닌 2분이냐고요? 아이가 나름대로 참다가 못하겠다고 말한 시간이 2분 30초라면 아이는 그 시간을 참기 힘들었다는 의미입니다. 그런데 또다시 참기 힘든 시간인 2분 30초를 정해주면 하기 싫어집니다. 참기 힘들었던 2분 30초보다 더 짧은 시간을 정해준다면 참을 만한 것으로 여기게 됩니다.

타이머를 맞추고 알람이 울리는 것을 재미있어하는 아이도 있습니다. 2분만 쓰기를 한 뒤 쉬자고 하면, 쉬지 말고 바로 타이머를 맞춰 달라고도 하고 자기가 타이머를 맞추겠다고도 합니다. 그러면 바로 시작하면 되고 숙제를 더 빨리 끝낼 수 있습니다.

어떤 아이는 이번엔 1분 하자, 다음에는 3분 하자 등 다양한 주문을 합니다. 그 시간 동안 숙제를 하기만 한다면 시간이 달라지는 것은 아무 상관없으니 주문을 다 들어주세요.

어떤 경우이든 시간을 잘 지켜서 숙제를 한 것에 대해 칭찬해주어야 합니다.

● 해결법3 : 시간 재기

한 줄 쓰는 데 몇 분이 걸리는지 측정할 수도 있습니다. 스톱워치를 사용해서 "시~작"이라고 말하면서 다 쓸 때까지 시간을 측정하는 것입니다. "시~작"이란 말을 꼭 사용해야 합니다. 이왕 할 때 좀더 흥미를 부여하면 아이의 수행 동기가 높아지기 때문입니다.

한 줄 쓰는 데 1분 30초가 걸렸다면 아이에게 알려주고, 다음 줄은 2분 만에 쓰자고 제안하세요.

"처음 쓰는 거라서 일부러 빨리 썼을 수도 있고, 엄마가 스톱워치를 좀 빨리 눌렀을 수도 있으니까 다음 줄은 2분 안에 써보자."

이번엔 타이머를 사용해서 2분을 맞춰놓습니다. 처음 시간 재기를 함으로써 수행 속도를 가늠하고 이에 맞춰 시간 대비 수행량을 정하는 것이지요. 한 줄을 다 썼는데도 아직 2분이 안 지났다면 2분이 지날 때까지 아무것도 안 해도 됩니다. 워낙 짧은 시간이라 딴 놀이를 할 시간도 없고 그저 웃으면서 엄마에게 말을 걸거나 자랑할 것입니다. 그 시간에 칭찬을 해주면 됩니다.

이렇게 시간이 남는 일이 계속되면 아예 두 줄을 한꺼번에 쓰되 제한 시간을 4분으로 합니다. 한 줄에 2분이었으니 두 줄에 4분인 것이지요. 그럼 2분 안에 두 줄을 다 쓰고 2분을 놀 수도 있습니다. 그 남는 시간에 숙제를 조금 더 하게 하면 절대로 안 됩니다. 남는 시간을 충분히 누릴 수 있게 해주세요. 그리고 나면 아이가 자발적으로 열 줄을 한꺼번에 쓸 테니 더 많은 시간을 달라고 할 수도 있습니다. 그럼 숙제 시간이 더 짧아지겠지요.

이 방법에는 숙제를 빨리 하고 나면 놀 시간이 많이 생긴다는 것을 알게 하는 장점도 포함되어 있습니다. 아무리 부모가 숙제를 빨

놀이처럼 시간을 잰다

리 끝내면 놀 수 있다고 알려주어도 몰랐던 것을 경험적으로 알 수 있게 되지요.

어떤 아이는 4분의 제한 시간을 주었을 때 한참을 놀다가 3분 정도 경과했을 때 후닥닥 쓰기를 시작하기도 합니다. 그것도 두고 보다가 4분이 넘었는데 다 하지 못했을 때 "땡~ 실패입니다"라고 얘기해주세요. 그러면 다음에는 2분 30초 정도 경과했을 때 쓰기를 시작할 것입니다.

실패를 통해서 자신의 수행 속도를 가늠할 수 있게 되면 스스로 계획을 세우게 됩니다. 3분이 지난 후 시작했을 때 실패했으니 그 다음에는 2분 30초가 지난 후 시작하면 성공할 수 있음을 짐작하고 계획을 세워 실행하는 것입니다. 주의산만한 아이에게 계획 세우기 연습을 시킬 수 있는 기회이기도 하지요.

여기서 주의할 것은 아이가 잘 따라온다고 해서 부모 임의대로 아이가 할 분량, 혹은 시간의 부담을 증가시키면 안 된다는 것입니다. 부담을 늘리는 것, 즉 한 번에 해야 하는 분량을 더 늘리거나 수행 시간을 길게 하거나 일정 분량에 대한 제한 시간을 줄이는 것은 아이가 스스로 하고 싶을 때 해야 합니다. 부모는 부담을 감소시키는 방향으로만 제안하세요. 그래야 동기와 흥미를 유지할 수 있습니다.

04

다양한 놀이로 학습력 높이기

부모는 자녀가 공부를 '스스로 알아서 잘' 하기를 바랍니다. 하지만 그렇게 착하고 성실한 아이는 많지 않습니다. 요즘은 연령이 어린 경우에도 과도한 학습을 시키는 경향이 많아 공부를 알아서 잘하는 것은 점점 힘들어지고 있습니다. 뿐만 아니라 갈수록 재미있는 것이 많아지는 세상입니다. 또한 게임같이 재미있는 것에 대한 접근이 쉬워진 세상이 되었습니다. 주의산만한 아이가 쉽게 빠져들 만한 재밌고 강렬한 자극이 매우 많은 것입니다. 그만큼 주의산만한 아이는 학습에 집중하기 더욱 어려워집니다.

그런데 부모는 이런 자극 속에서 공부해야 하는 아이의 어려움을 이해하는 대신 스스로 극복해내라고 다그치는 경우가 많습니다. 주의산만한 아이에게는 가혹한 일입니다. 지금까지 제시한 방법들을 기초로 좀더 아이를 이해해주기 바랍니다.

다양한 방법을 제시했지만 모두 그 바탕은 아이의 성장을 위한 것입니다. 아이가 산만하기 때문에 학습이 어려울 수 있다는 부모의 충분한 이해, 작은 과제를 성공했을 때 이어지는 칭찬, 칭찬을 듣고 생기는 아이의 성취감, 그런 성취감을 반복적으로 경험함으로써 축적되는 자신감, 그리고 자신감의 증가로 인해 과제를 좀더 해보려는 동기의 증가, 바로 그것입니다.

놀이를 잘 했을 때 칭찬하고 학습과 연결시킨다

이런 과정은 학습뿐 아니라 놀이를 통해서도 경험할 수 있습니다. 특히 특정 목적을 위해 주의력, 집중력, 사고력이 필요한 놀이는 학습에 필요한 성취감과 자신감을 가지는 데도 도움이 됩니다.

방법은 동일합니다. 아직 나이가 어려서 부모와 함께하는 놀이가 서툴 수 있다는 것을 먼저 이해한 뒤, 첫 성공을 하면 칭찬을 해줍니다. 그러면 아이는 성취감을 경험하고 자신감이 생겨서 계속 그 놀이를 하고 싶어합니다. 그런데 놀이를 잘한 것을 칭찬해주는 것으로 끝나면 아이의 성취감과 자신감이 학습으로 이어지는 데 오랜 시간이 걸립니다. 구체적으로 칭찬을 해준 후, 놀이 과정에서 보였던 능력을 학습 과정에서도 적용할 수 있음을 넌지시 제시해줍니다. 반대로 학습을 할 때에도 놀이 과정에서 보였던 능력을 다시 확인시켜 주면서 격려해줍니다.

숨은 그림 찾기의 예를 들어볼까요? 아이가 10분 동안 그림에 집중하며 결국 숨은 그림을 다 찾아냈다면, 이를 칭찬해주세요.

"10분 동안이나 숨은 그림을 열심히 찾았구나! 대단해. 그림 볼 때도 공부할 때도 심부름할 때도 5분이나 10분 정도 계속하는 것은 어렵지 않겠는데!"

숨은 그림을 잘 찾았다면, 이것도 칭찬할 수 있습니다.

"이렇게 구석에 숨어 있는 것도 잘 찾는구나. 아빠는 보지도 못했는데 말이야. 이렇게 작은 것도 잘 찾으니까 책에 있는 글자도 빠뜨리지 않고 잘 보겠는걸?"

공부할 때 이를 응용해줄 수 있습니다.

"숨은 그림 찾기를 할 때 10분도 넘게 집중해서 잘 찾았지? 그러니까 숙제할 때도 5분 정도는 충분히 집중할 수 있겠다."

숨은 그림 찾기의 10분이 숙제할 때는 5분으로 시간이 단축된 것은 놀이보다 학습 과제가 더 힘들고 재미없음을 인정해준 것입니다. 놀이와 학습은 절대로 동일한 것이 될 수 없습니다. 하지만 비슷한 측면을 잘 찾아서 알려주면 아이는 놀이에서 얻은 성취감과 자신감을 학습 과정에서도 발휘할 수 있게 될 것입니다.

1

집중력 키우는 놀이

숨은 그림 찾기나 다른 그림 찾기를 하면 주의집중하기, 세밀한 것을 찾아내는 능력을 학습과 연결시킬 수 있습니다. 뿐만 아니라 문제 해결을 위해 체계적인 전략을 사용할 수 있는 능력도 학습과 연결시킬 수 있습니다.

숨은 그림 찾기나 다른 그림 찾기를 위해 그려진 그림들은 다소 복잡한 것이 특징입니다. 그래서 시각적 집중력 증진 훈련에 흔히 사용됩니다. 주의산만한 아이는 복잡한 그림을 체계적으로 살펴보지 않습니다. 이쪽저쪽 왔다갔다하면서 살펴보기 때문에 효율적으로 숨은 그림·다른 그림을 찾아내기 어렵습니다. 이때는 구역으로 나누어 살펴보게 하면 좀 더 빨리 찾을 수 있습니다. 그림 전체를 4분할을 한 후 "왼쪽 윗부분만 먼저 살펴보자"라는 식으로 하나씩 살펴보게 하는 것입니다.

그래도 어려워하는 아이에게는 흰 종이를 주면서 왼쪽 윗부분을 제외한 나머지 부분을 모두 가립니다. 시각적으로 분산될 수 있는 자극을 아예 없애버리는 것이지요. 이런 방법을 사용하면 좀더 쉽게 찾아내는 경우가 많습니다. 이런 경험이 쌓이자 아이들이 먼저 "선생님, 흰 종이 좀 주세요"라고 요구하기도 했습니다. 아이 스스로도 분산이 덜 되고 강제적으로 체계화를 하는 것이 효과적이라고 생각하기 때문입니다.

이것을 어떻게 학습 과정과 연결지을 수 있을까요? 문제집을 풀 때 풀어야 할 부분만 보이게 하고 나머지를 가리는 방법을 사용할 수 있습니다. 지금 풀고 있는 한 문제만 남기고 다 가려버릴 수도 있습니다.

"숨은 그림 찾기를 할 때 필요한 부분만 빼고 가리니까 훨씬 쉬웠지? 문제집도 나머지는 다 가려버릴까?"

숨은 그림 찾기나 다른 그림 찾기 놀이를 할 수 있는 다양한 책들이 시중에 많이 나와 있습니다. 이렇게 아이가 재미있어하는 놀이를 함께 하고 학습에도 도움이 될 수 있게 잘 활용해보세요.

2

시공간 지각능력 키우는 놀이

주의산만한 아이는 또래보다 그림을 못 그리거나 글씨를 못 쓰는 경우가 많고, 두 조각의 블록을 서로 연결하면 어떤 형태가 되는지 정확하게 예상하지 못하기도 합니다. 즉, 시각-운동 협응능력이나 시공간 지각능력이 또래보다 부족한 경우가 많습니다. 블록·퍼즐 맞추기는 이런 능력을 기르는 데 유용하게 사용할 수 있습니다.

시각-운동 협응능력이 적절하게 발달되지 않으면 글씨를 쓰는 것 자체를 힘들어합니다. 주의산만한 아이가 쓰기 과제를 싫어하는 이유이기도 합니다. 시공간 지각능력이 부족하면 수학에서 도형이나 회전 문제를 매우 어려워합니다. 연산 문제에서 세로 셈을 어려워하기도 합니다. 따라서 이와 같은 놀이를 많이 하면 학습의 기초를 쌓는 데 도움이 됩니다.

체계적인 전략을 사용하는 것에도 도움을 줄 수 있습니다. 블록 맞추기에는 매우 많은 블록이 필요합니다. 그러므로 특정 형태를 맞추기 전에 블록들을 형태에 따라 분류해놓을 수도 있습니다. 퍼즐 맞추기 역시 많은 조각이 있는데, 색깔별로 나누거나 테두리 모양만 먼저 찾아서 맞춰놓을 수도 있습니다. 이런 약간의 체계성이 문제해결에 좀더 용이하다는 것을 체득하는 것입니다.

"퍼즐 맞추기를 할 때도 테두리를 먼저 맞춘 다음, 안쪽을 맞추니까 더 빨리 했지? 숙제도 영어 숙제 먼저 하고 그 다음에 수학 숙제를 하면 더 빨리 할 수 있을 것 같아."

블록 맞추기나 퍼즐 맞추기도 오랜 시간 주의를 기울여야 하고, 세밀한 조각들을 변별해야 하므로 이러한 부분도 숨은 그림 찾기와 같이 학습 과정에서 연결해줄 수 있습니다.

3

기억력 좋아지는 놀이

'시장에 가면' 놀이는 부모도 어릴 때 많이 해보았을 것입니다. 앞 사람이 어떤 품목을 말했는지 주의 깊게 들어야 하고 이를 기억까지 해야 하는 놀이입니다. 청각적 주의력과 기억력이 요구되는 나름 고 난이도의 놀이입니다.

메모리 게임은 여러 장의 카드 중에서 짝이 되는 카드 두 장을 찾 아내는 놀이로, 시중에 판매되는 종류도 많습니다. 여러 장의 카드 들이 그림이 보이지 않은 상태로 놓여 있고 두 사람 이상이 번갈아 가면서 카드 두 장씩을 뒤집어 그림을 확인한 후 다시 보이지 않게 놓아둡니다. 순서가 아닌 사람은 다른 사람이 뒤집은 그림을 잘 보 고 기억해야 합니다. 이 역시 시각적 주의력과 기억력이 요구되는 고난이도의 놀이입니다.

두 가지 모두 주의산만한 아이에게는 쉽지 않은 놀이지만, 주의 력과 기억력을 증진시키는 데 도움이 될 수 있습니다. 처음에는 기 억을 못해서 좌절하거나 거부감을 나타낼 수도 있습니다. 부모는 그 단계를 잘 넘어갈 수 있도록 도와주어야 합니다. 그리고는 잘 기억 해낸 것을 칭찬해줌으로써 자신감과 성취감을 쌓아주면 됩니다. 놀 이를 할수록 기억하는 양이 늘어나면 아낌없이 칭찬해주기 바랍니다. 공부를 할 때에도 연결지어 볼 수 있겠죠.

"전에 '시장에 가면' 놀이를 할 때 처음에는 조금밖에 기억 못했지만 여러 번 하니까 더 많이 기억하고 잘하게 되었지? 이 문제도 지금은 어렵지만 여러 번 하면 잘 알게 될 거야."

이 놀이를 하면서 위치와 내용을 함께 기억하는 모습을 보여주면 아이는 기억 전략을 하나 배울 수 있습니다. '시장에 가면' 놀이에서 아빠는 아이스크림, 엄마는 배추를 말했다는 것을 손가락으로 가리키며 회상하는 방법을 사용해보세요. 아이도 따라하게 됩니다.

메모리 게임에서 엄마는 카드를 뒤집으면서 "여기엔 자동차가 있고, 여기엔 버스가 있다"라고 언어적으로 말해주세요. 아이도 따라하게 됩니다. 위치와 시각적 그림을 언어적으로 명명하면 하나의 대상과 연합된 정보가 많아지면서 기억을 더 쉽게 할 수 있습니다. 관찰 학습을 통해서 기억 전략을 습득하게 해주세요.

　말판놀이는 함께 하는 사람들이 번갈아가면서 주사위를 던지고 나온 수에 따라 말을 옮기는 기본적인 규칙이 있는 놀이입니다. 그리고 도착 지점까지 가는 동안 잡히기도 하고 여러 가지 조건에 따라서 몇 칸 앞으로 혹은 뒤로 갈 수도 있습니다. 때로는 조건에 따라 지정된 길로만 가야 하는 경우도 있고 한 차례를 쉬어야 되는 경우도 있지요. 이런 게임을 주의집중력이 부족한 아이와 하다 보면 자기 순서가 아닌데도 먼저 하려고 하거나 빨리 도착 지점에 가려고 무리하게 두 칸씩 가기도 합니다. 이렇게 순서나 규칙을 지키지 않는 것에 대해서는 당연히 제지를 해야지요. 제지한 뒤 자신의 순서를 기다리고 규칙을 잘 지키면 이것도 칭찬받을 일이 됩니다.

　"아빠가 한 번만 말했는데도 이렇게 순서를 잘 지키는구나. 아빠 말을 참 잘 듣는 착한 아들이야."

　그런데 때로는 규칙을 어겼다고 보기에 애매한 행동을 하기도 합니다. 예를 들면 상대방이 주사위를 던진 후 말을 옮기기도 전에 성급하게 주사위를 던지는 행동 같은 것입니다. 엄밀히 말하면 규칙을 어긴 것은 아닙니다. 그러나 상대방이 말을 옮길 때 직접적인 방해를 하거나 상대방이 말을 다 옮기기도 전에 자신의 말을 옮겨버리면 그때는 지적을 해주는 것이 좋습니다.

"내가 말을 옮길 차례인데 네가 주사위를 던지니까 말을 옮길 수가 없어. 주사위 던지는 건 조금 기다려줄래?"

그러고 나서 잘 기다리면 "기다려줘서 고마워"라고 말해주세요. 다음 순서에도 잘 기다린다면 칭찬해주세요.

"네가 가만히 기다려주니까 말을 편하게 옮길 수 있구나. 고마워."

이런 과정을 통해서 규칙의 이행을 인식하는 동시에 자신이 행동할 때 다른 사람을 배려해야 한다는 것을 배울 수 있습니다. 이렇게 당연한 것이 칭찬할 일이냐고 어리둥절할 수도 있겠지만 주의산만한 아이는 규칙을 지키는 것과 상대방을 배려하는 것이 쉽지 않다는 점을 고려하면 충분히 칭찬할 일입니다.

때로는 놀이를 하다 말고 자기에게 유리한 방식으로 규칙을 바꾸려고 하는 경우도 있습니다. 그러면 바꿔도 괜찮습니다. 바뀐 규칙을 잘 지키면 되니까요. 하지만 몇 가지 조건이 있습니다. 첫 번째, 현재 진행하던 놀이는 일단 기존의 규칙대로 끝내야 합니다. 새로운 판을 시작할 때 새로운 규칙을 적용하는 것입니다. 두 번째, 함께 놀이를 하는 사람들이 모두 합의해야 가능합니다.

이 두 가지의 조건하에서 규칙을 바꿔주세요. 이때 아이가 바꾸려는 규칙을 모두가 볼 수 있는 종이나 칠판에 적어놓는 것이 좋습니다. 자신이 바꾼 규칙을 또 바꾸려고 할 수 있기 때문입니다. 또한 새롭게 바뀐 규칙은 잘 기억나지 않을 수 있기 때문에 찾아보고 확인할 수 있습니다.

이런 과정을 통해서 규칙을 변경할 때는 지켜야 할 절차가 있다는 것을 인식하게 됩니다. 또한 기억하지 못한 것을 보완하는 메모의 전략도 습득할 수 있습니다. 과제를 할 때에도 자꾸 잊어버리는 공식이나 규칙이 있다면 연결지어 주세요.

"말판놀이 할 때 바뀐 규칙을 종이에 써놓으니까 잊어버렸을 때 찾아볼 수 있었지? 지금 이 공식도 잊어버리면 책을 찾아보거나 종이에 따로 써놔서 기억이 안 날 때 보도록 하자."

이것 역시 넓은 의미에서는 말판놀이입니다. 하지만 훨씬 더 복잡하고 다양한 규칙을 가지고 있어서 저학년 아이들에게는 어려울 수 있습니다. 처음 배울 때는 각 말의 움직이는 법을 빠르게 숙지하지 못할 것입니다. 이럴 때는 설명서를 옆에 두고 모를 때마다 찾아보게 하는 것이 도움이 됩니다. 이는 공부할 때도 해야 하는 행동이니까요.

장기나 체스는 상대방의 움직임을 주시해야 좋은 방어나 공격을 할 수 있습니다. 그러므로 상대방의 움직임에 주의를 기울여야 하고, 그와 동시에 자신의 전략을 짜야 합니다. 그러나 주의산만한 아이는 상대방의 움직임에 주의를 기울이지 못해서 전략을 파악하기 어렵습니다. 부모와 함께하는 경우에는 "엄마는 지금 움직일 거야"라고 말한 후 말을 움직이거나 "난 이렇게 움직였다"라고 확인해주는 것이 좋습니다. 상대방의 움직임에 주의를 기울이라는 의도가 포함된 말입니다. 이것은 동시에 엄마의 전략을 알려주는 것이기도 합니다. 관찰 학습이 가능하게 하는 것이죠.

부모가 움직인 방식과 똑같이 했다면 칭찬해주세요.

"와, 엄마도 아까 이렇게 움직였는데 너도 똑같이 움직였네. 기억력 좋은데!"

이는 학습할 때도 응용할 수 있습니다.

"장기놀이 할 때 엄마가 움직인 거랑 똑같이 움직였었지? 이 문제도 엄마가 푼 것과 똑같이 풀어봐."

장기나 체스와 같이 전략이 필요한 놀이에서 상대방의 다음 수를 미리 예측하지 못하게 되면 자신의 말이 잡힐 수도 있습니다. 주의산만한 아이가 이런 상황에 직면했을 때 자신의 이전 수를 되돌리려고 요구하는 경우가 잦습니다. 한 번은 허락해주세요. 하지만 "다음부터 되돌리기는 없는 거다. 약속이야"라고 명확히 말해주세요. 그러면 당분간은 상대방의 움직임에 더욱 주의를 기울일 것이고, 다음 수를 예측하려고 할 것입니다. 이러한 과정은 주의산만한 아이의 예측 능력을 키우기 위한 것입니다.

곧 잡힐 만한 말을 잡히지 않는 곳으로 움직였다면 이때는 칭찬할 시간입니다.

"야, 안타깝다. 아빠가 다음에 그걸 잡으려고 했는데 네가 미리 알고 움직였구나?"

괜히 말을 옮겨서 잡히는 곳으로 움직였다면 미리 주의를 줄 수도 있습니다.

"진짜 그쪽으로 둘 거야? 다시 잘 생각해봐. 되돌리기는 없다고 했지? 아빠가 말을 움직이면 기회는 사라지는 거야. 괜찮겠어?"

이런 말을 들으면 말판을 한 번 더 주의 깊게 살피게 될 것입니다. 안전한 곳으로 움직였다면 칭찬해주십시오.

"결국 찾아냈구나. 잘 찾았는데? 아빠가 알려주지 말걸, 아깝다."

그러면 다음부터는 자신이 움직일 때 안전한지 좀더 주의 깊게 살필 것입니다. 주의를 기울인 후 적절하게 자신의 말을 움직였다면 또 칭찬해주세요.

"이쪽으로 왔으면 아빠가 딱 잡으려고 했는데 어떻게 알고 피했지? 대단하다."

난이도가 높은 놀이를 할 때는 칭찬을 많이 해줘야 아이가 그 놀이를 재미있게 여겨 계속할 수 있습니다. 잘 못하면 흥미를 잃게 되는데 칭찬이라도 받아야 계속할 마음이 생기니까요. 그러나 학습 증진을 위해서 일부러 난이도가 높은 놀이를 해야겠다고 생각하지는 마세요. 놀이는 즐겁게 하는 것이고, 이왕 즐겁게 할 때 학습에 도움이 되는 부차적인 효과를 얻으려는 것뿐이니까요.

짧은 동화를 읽으면서 주의집중력을 증진시키는 놀이도 있습니다. 짧은 동화를 읽어주면 아이는 잘 듣고 있다가 특정 단어가 나올 때 손뼉을 치거나 종을 울리게 하는 것이죠. 청각적 주의력이 요구되는 놀이입니다. 이 놀이는 유치원 연령 정도의 아이들이 흥미로워합니다. 예를 들어 〈토끼와 거북이〉 동화를 읽어줄 때 '토끼'라는 단어가 나올 때마다 손뼉을 치는 식입니다. 혹은 '토끼'가 나올 때는 한 번, '거북이'가 나올 때는 두 번 치는 것으로 정할 수도 있습니다. 하지만 너무 많이 규칙을 정하지는 마세요. 그렇게 되면 놀이가 아닌 '학습'이 되고 아이가 안 하려고 할 수도 있습니다.

또다른 주의점이 있습니다. 아이가 정확히 하는지 잘 살펴보고 있다가 동화가 다 끝나면 정확하게 지적해주어야 합니다.

"이 부분이랑 이 부분에서 손뼉을 안 쳤어."

아이가 믿지 않을 수 있으므로 이 놀이를 할 때는 녹음을 하는 것도 좋습니다. 잘했는지 못했는지를 아이와 함께 들으면 아이는 또다시 청각적 주의력을 발휘하게 되므로 더욱 효과적입니다.

가장 주의할 점은 이 놀이를 한 후 내용이 무엇이었는지를 물어보면 안 된다는 것입니다. '토끼'라는 단어에 많은 에너지를 소진했으므로 내용까지 파악할 에너지는 남아 있지 않으니까요. 간혹 이 놀이를 하다가 아이가 이야기에 빠져버리는 경우도 있습니다. 그럴 때는 그냥 두세요. 내용에 집중하는 것이 더욱 중요하니까요.

하다 보면 역할을 바꾸자고 주장하는 아이도 있습니다. 그럴 때는 바꿔주세요. 그렇게 하면 아이는 글을 읽는 것에 몰두하게 될 것입니다. 부모는 정확히 손뼉을 치기도 하고, 가끔씩 틀려주기도 하면서 아이의 반응을 살펴보세요. 부모의 반응에 신경 쓰면서 글을 읽는 것은 주의산만한 아이에게는 매우 많은 집중력이 요구되는 과정입니다. 이 둘을 다 해냈다면 칭찬해주세요.

"엄마도 동화책 읽으면서 손뼉 치는 거 보느라고 힘들었는데 그걸 다 했어? 집중력이 대단한데?"

때로는 글을 읽는 데 푹 빠져서 부모가 손뼉 치는 것을 파악하지 못하는 아이도 있습니다. 그럴 때는 책을 읽도록 두고 다 읽으면 칭찬해주세요.

"와, 한 글자도 안 틀리고 잘 읽었는데!"

한글을 읽을 수 있는 아이에게는 이야기를 스스로 읽으면서 '토끼'에만 동그라미를 치라고 할 수도 있습니다. '토끼'에는 동그라미, '거북이'에는 세모를 치거나 다른 색깔로 칠하는 등 변화를 줄 수도 있습니다. 이러한 놀이는 시각적 주의력을 증진시키는 방법입니다.

아이와의 갈등을 줄이는 부모의 마음가짐

이외에도 주의집중력을 향상시킬 수 있는 놀이들은 매우 많습니다. 모든 놀이는 잘 활용하기만 한다면 주의집중력 향상에 사용될 수 있습니다. 무엇이든 잘했을 때 칭찬해주는 것이 중요합니다. 다만 과장되고 거짓된 칭찬은 금물입니다. 실제로 잘한 것, 성공한 것, 잘 이겨낸 것에 대해 사실적인 근거를 들어 정확한 칭찬을 해주어야 합니다. 놀이에서 칭찬받았던 것, 특히 주의를 잘 기울였던 것과 집중을 잘했던 것이 학습에서도 그대로 사용될 수 있다고 넌지시 알려주면 학습에 대한 자신감도 키울 수 있게 될 것입니다.

파트 4에서는 1~4장에 걸쳐서 아이의 마음을 이해하기 위한 심리적 배경, 문제별 해결 전략, 학습시 도움이 되는 구체적인 요령을 설명했습니다. 무엇보다도 주변 환경을 정리해 아이가 산만해질 요소를 없애고, 아이에 대해 현실적인 기대를 가지며, 칭찬해주려는 마음을 갖는 등의 일이 우선되어야 합니다. 해야 할 과제가 무엇인지 아이와 함께 생각하고, 이를 실행할 시간 계획을 함께 세우며 적당한 시간에 미리 알려주는 방법도 꼭 기억해주세요.

과제를 하지 않으려고 미적거릴 때 타이머나 스톱워치를 사용하는 방법도 꼭 해보기 바랍니다. 과제를 다 하면 '다 했음'을 알 수 있게 줄을 긋거나 스티커를 붙이게 하면 아이가 무척 좋아합니다. 과제가 너무 많다고 찡얼댈 때는 분량 나누기를 해서 심리적인 부담을 줄여줄 수도 있습니다.

이와 같은 다양한 방법들을 실제로 적용하기에 앞서 학습에 대한 부모의 태도가 먼저 바뀌어야 합니다. 부모의 태도와 말에 따라 아이가 달라질 수 있고, 긍정적으로 변화한다는 것을 명심하세요.

아이 공부를 돕기에 앞서 아래 세 가지 태도로 부모의 마음가짐을 재정비한다면, 책에서 설명했던 다양한 방법들을 일일이 기억하지 못하더라도 충분히 이와 비슷하게 실천할 수 있을 것입니다.

학습의 목적은 좋은 점수나 높은 등수를 받는 데 있다. (✗)

학습 내용을 잘 이해하는 것이 가장 중요합니다. 주의산만한 아이는 시험 볼 때 실수가 많아 점수상으로는 저평가되는 경향이 있습니다. 아이가 학습한 내용을 잘 이해하고 있다는 사실을 부모가 확인한다면, 아이의 점수가 조금 낮더라도 부모의 마음은 한결 여유로워질 것입니다.

좋은 점수나 높은 등수를 받아야 자신감이 높아지고, 계속해서 좋은 성적이 유지될 수 있다. (✗)

위와 같은 기대를 갖고 공부하라고 다그치기만 하면 아이의 자신감은 점점 낮아집니다. 부모는 가장 먼저 아이의 현재 모습 그대로를 수용하고 인정해야 합니다. 그렇게 되어야 아이의 부담감을 덜고, 순차적으로 학습 동기를 유발시켜 공부를 하게 되며, 자연스럽게 실력도 향상될 것입니다.

공부는 재미있는 것이다. (✗)

물론 공부에 흥미를 느끼고 즐겁게 한다면 더 열심히 하게 되고 점수도 좋아질 것입니다. 하지만 대부분의 공부는 놀이, 게임, 책보다 재미없습니다. 부모가 '공부는 재미있게 해야지'라고 말한다 해서 아이가 공부를 재미있어할 리가 없습니다. 그러므로 아이가 재미도 없는 공부를 힘들게, 애써서 하고 있다는 점을 알아주세요. 부모의 기대에 부응하기 위해 힘든 것을 참고 애쓰는 마음을 알고 있다고 표현해주세요. 그러면 부모와 아이 사이의 갈등이 조금씩 줄어들 것입니다.

부모의 마음가짐과 태도가 위와 같이 바뀌면 학습과 관련된 아이와의 갈등이 줄고, 자연스럽게 좋은 결과가 따라올 것입니다. 아이의 마음을 헤아리고 특성에 맞는 학습법을 실천한다면 부모와 아이 모두 보다 행복해질 것입니다.

전혀 하지 않는 것보다
한 번이라도 해보는 것이 낫다

오랜 시간 상담 센터에서 상담을 하면서 수없이 많은 아이와 부모를 만났습니다. 그중에서도 가장 빈번하게 나타나는 증상이 바로 주의산만(ADHD)이었습니다. 대학원에서 처음 공부를 시작할 때만 해도 'ADHD'라는 명칭은 관련 직종 종사자와 전공자에게만 익숙한 것이었습니다. 현장에서 일을 시작할 때도 '주의력결핍 과잉행동장애'라는 말은 일반적으로 잘 알려진 말이 아니었습니다.

이 증상으로 병원이나 상담 센터를 방문한 경우는 부모가 '도저히 아이를 다룰 수가 없다'라고 판단하여 데리고 온 것이었습니다. 아이가 수업 시간에 자리에 앉아 있지 못하고 틈만 나면 돌아다녀서 선생님에게 매일 혼나거나, 학교에서 계속 말썽을 부려서 알아듣게 타이르고 혼을 내도 그때만 '알았다'고 대답할 뿐 도무지 말을 듣지 않고 행동이 개선되지 않아서였습니다. 그 당시, 자녀가 ADHD라고 하면 부모는 '그런 병이 있는 줄 몰랐다. 이제야 아이 행동이 이해가 된다'고 하셨습니다.

　많은 정보를 쉽게 얻을 수 있는 시대가 되면서 이제는 거의 모든 부모가 ADHD라는 단어를 알고 있습니다. 그래서 자녀가 조금이라도 산만해 보이면 '혹시 우리 애도 ADHD 아닐까?'라고 걱정합니다. 그리고는 주의산만이 정상이 아니라고 생각하고 이를 고치기 위해 갖은 애를 쓰기 시작합니다. 이전보다 많은 정보를 가지고 자녀에게 더 좋은 환경을 제공하기 위해 더욱 노력하는 부모가 되었지만, 그러다 보니 자녀의 마음을 이해하는 데 써야 할 에너지는 점점 부족해지는 것 같습니다.

　"집중력이 짧으니까 두 문제만 풀고 10분 쉬고, 또 두 문제 풀고 10분 쉬게 하는 방법을 사용해보세요"라고 처음 말씀드렸을 때가 생각납니다.

3시간을 주어도 덧셈 문제 20개를 다 못 끝내곤 해서 상담 센터에 온 아이였습니다. 아이 어머니는 제 이야기를 듣고는 어이없어했습니다.

"그런 방법으로 하면 3시간이 걸리는 건 똑같잖아요."

"똑같이 3시간이 걸리지만 제가 말씀드린 방법대로 하면 적어도 아이랑 싸우지는 않을 거예요."

순간 아이 어머니가 씩 웃더니 "그렇겠네요"라고 수긍했습니다.

그 어머니가 다음주에 와서는 놀라운 듯이 말씀하셨습니다.

"선생님, 두 문제 풀고 쉬다가 두 문제 풀고 또 쉬라고 하니까 그냥 다 풀고 한꺼번에 쉬면 안 되겠냐고 하더라고요. 그래서 그러라고 했더니 30분 만에 다 끝냈어요!"

그 뒤로는 숙제 때문에 아이와 하는 실랑이가 대폭 줄었고, 단원평가 점수도 갑자기 올랐다고 했습니다. 과제나 공부를 할 때 주의 산만한 아이 특성에 맞게 접근해야만 효과를 볼 수 있다는 것을 실례로 확인한 순간이었습니다.

때로는 상담실 안에서 5분을 정해주고 아이에게 직접 문제를 풀어보게 했습니다. 아이는 자신이 5분 동안 다섯 문제를 풀 수 있을 것이라고 예측했지만, 막상 다섯 문제를 다 풀었을 때는 2분이 채 지나지 않은 상태였습니다. "그것밖에 안 지났어요?"라고 신기한 듯 되묻던 그 아이의 목소리가 기억납니다.

이 책을 읽고 내 아이에게 적용해본 후, 이와 동일한 경험을 하길 바랍니다. 때로는 아이를 이해하기 힘들 때도 있을 것입니다. 책에 소개된 방법을 매일, 매번 적용하지 못할 때도 있을 것입니다. 그래도 전혀 시도하지 않는 것보다 한 번이라도 해보는 것이 낫습니다. 매일은 못해도 띄엄띄엄이라도 시도하는 것이 낫습니다. 하지만 그 무엇보다 아이의 특성을 이해하는 것과 작은 성공에도 칭찬해주려는 마음가짐이 중요합니다.

이 책이 자녀의 성적이 오르는 데 도움이 되기보다 부모와 자녀 간의 관계가 좋아지고 가족의 행복을 누리는 데 더 많은 도움이 되었으면 합니다.

손정아

산만한 우리 아이 학습 지도는 이렇게!

ADHD 아이 어떻게 가르쳐야 공부를 스스로 할 수 있을까요?

고민하는 부모를 위한 명쾌한 해결법을 한눈에!

고민	해결법	구체적 방법	참고페이지
숙제를 시작하기까지가 너무 오래 걸려요	오늘 할 일을 미리 알려주기	아이가 집에 돌아오면 반갑게 맞아준 후 간식을 주면서 오늘 할 일을 미리 말해준다.	189쪽
	언제 할지 함께 정하기	언제부터 숙제를 할지 아이에게 묻는다.	191쪽
	놀고 싶은 마음 참게 하기	약속한 숙제 시간이 얼마나 남았는지 알려준다.	196쪽
공부하다가 자꾸 딴짓해요	즉각적인 만족감 주기	문제를 하나 풀 때마다 칭찬한다.	201쪽
	해낸 분량 늘려가며 칭찬하기	세 문제, 다섯 문제로 해야 할 분량을 늘린 후 칭찬한다.	203쪽
	이유 있는 휴식 주기	힘들어할 때 휴식 시간을 준다.	204쪽
	휴식 후 다시 숙제시키는 방법	아이 스스로 일정을 생각할 수 있도록 질문한다.	205쪽
한 가지를 진득하게 못하고 이거 했다 저거 했다 해요	구체적인 계획 함께 짜기	할 일을 모두 적고 함께 상의해서 우선순위를 정한다.	210쪽
	계획대로 수행하기	계획대로 해냈을 때 성취감을 느낄 수 있도록 한다.	215쪽

고민	해결법	구체적 방법	참고페이지
자신이 해야 할 일을 기억하지 못해요	하나씩 알려주기	가장 먼저 할 일부터 하나씩 알려준다.	221쪽
	스스로 한 일을 확인하기	하나씩 끝낼 때마다 목록에서 지우거나 메모지를 뜯어낼 수 있게 한다.	224쪽
분명히 공부한 내용인데 시험에서 틀려요	잊어버리는 것은 당연	한번 배운 것을 금방 잊는 것은 당연하다고 여긴다.	230쪽
	상징은 기억하기 어렵다	숫자, 기호, 글씨는 모두 상징이다.	231쪽
	반복해서 알려주기	어제 공부한 부분을 오늘 다시 공부할 수 있게 계획한다.	232쪽
	직접 설명하게 하기	문제를 맞았든 틀렸든 직접 설명해보게 한다.	233쪽
다 알고 있는 내용을 자꾸 실수해서 틀려요	실수 인정하기	아이가 실수할 수 있다는 것을 인정한다.	238쪽
	수정할 기회 주기	실수로 틀렸던 문제를 다시 풀어서 맞으면 칭찬해준다.	238쪽
	실수하는 부분 정확히 알려주기	실수가 여러 가지라면 우선순위를 정해서 하나씩만 강조한다.	242쪽
숙제를 하기는 하는데 엉망으로 해요	예시 '일기 쓰기'	엉망이더라도 일단 해야 그 다음으로 나아갈 수 있다.	246쪽
	목표는 하나만	숙제를 개선하기 위한 목표는 하나씩만 잡는다.	249쪽
	구체적인 문장 제시하기	아이에게 질문을 하여 추가적으로 더 쓸 수 있게 한다.	250쪽
숙제를 마치는 데 너무 오래 걸려요	분량 나눠주기	간단히 해낼 수 있는 적은 분량부터 시작한다.	253쪽
	시간 나누기	3분, 5분 정도로 시간을 정하고 타이머를 맞춰둔다.	255쪽
	시간 재기	스톱워치를 사용해 얼마나 걸리는지 체크한다.	256쪽

산만한 아이
공부 처방전

초판 1쇄 발행 2017년 10월 10일
초판 3쇄 발행 2020년 10월 20일

지은이 이영애, 손정아
펴낸이 정용수

사업총괄 장충상 본부장 홍서진
편집장 박유진 편집 김민기 정보영
디자인 올디자인그룹 일러스트 최정화
영업·마케팅 윤석오
제작 김동명 관리 윤지연

펴낸곳 ㈜예문아카이브
출판등록 2016년 8월 8일 제2016-000240호
주소 서울시 마포구 동교로18길 10 2층(서교동 465-4)
문의전화 02-2038-3372 주문전화 031-955-0550 팩스 031-955-0660
이메일 archive.rights@gmail.com 홈페이지 ymarchive.com
블로그 blog.naver.com/yeamoonsa3 인스타그램 yeamoon.arv

© 이영애, 손정아, 2017
ISBN 979-11-87749-44-8

㈜예문아카이브는 도서출판 예문사의 단행본 전문 출판 자회사입니다. 널리 이롭고 가치 있는 지식을 기록하겠습니다.
저작권법에 따라 보호를 받는 저작물이므로 무단 전재와 복제를 금합니다.
이 책 내용의 전부 또는 일부를 이용하려면 반드시 저작권자와 ㈜예문아카이브의 서면 동의를 받아야 합니다.
이 도서의 국립중앙도서관 출판예정도서목록(CIP)은 서지정보유통지원시스템 홈페이지(http://seoji.nl.go.kr)와
국가자료공동목록시스템(http://www.nl.go.kr/kolisnet)에서 이용하실 수 있습니다(CIP제어번호 : CIP2017024743).

*책값은 뒤표지에 있습니다. 잘못 만들어진 책은 구입하신 곳에서 바꿔드립니다.